中國學術思想 研究輯刊

三二編
林慶彰 主編

第 9 冊

陳暘《樂書》音樂哲學之研究

張偉萱 著

花木蘭文化事業有限公司

國家圖書館出版品預行編目資料

陳暘《樂書》音樂哲學之研究／張偉萱 著 -- 初版 -- 新北市：
花木蘭文化事業有限公司，2020〔民 109〕
目 2+172 面；19×26 公分
（中國學術思想研究輯刊 三二編；第 9 冊）
ISBN 978-986-518-281-6（精裝）
1.（宋）陳暘 2. 學術思想 3. 哲學 4. 音樂
030.8   109011241

ISBN-978-986-518-281-6

中國學術思想研究輯刊
三二編　第九冊　　　　　　　ISBN：978-986-518-281-6

陳暘《樂書》音樂哲學之研究

作　　　者	張偉萱
主　　　編	林慶彰
總　編　輯	杜潔祥
副總編輯	楊嘉樂
編　　　輯	許郁翎、張雅淋　美術編輯　陳逸婷
出　　　版	花木蘭文化事業有限公司
發　行　人	高小娟
聯絡地址	235 新北市中和區中安街七二號十三樓
	電話：02-2923-1455／傳真：02-2923-1452
網　　　址	http://www.huamulan.tw 信箱 hml810518@gmail.com
印　　　刷	普羅文化出版廣告事業
封面設計	劉開工作室
初　　　版	2020 年 9 月
全書字數	141946 字
定　　　價	三二編 24 冊（精裝）新台幣 60,000 元

陳暘《樂書》音樂哲學之研究

張偉萱　著

作者簡介

張偉萱，女，生於 1986 年，活潑好動、與生癲狂、不按牌理出牌的水瓶座，臺灣新北汐止人。
輔仁大學哲學系學士、碩士、博士畢，廣州中山大學哲學系博士後研究。興趣廣泛但熱愛中國
音樂、中國哲學與流浪貓，學術專長應為邏輯學，但興趣和研究方向卻是中國哲學，提倡中國
音樂哲學之概念與研究。對音樂系及哲學系的專業學者來說，是一個遊走在音樂與哲學的邊界、
夾縫中求存的年輕傻女孩。與陳暘陳祥道兩兄弟有著難以言說的感應與緣份，如果還能在學界
生存下去，下一本出版專書應為《陳祥道〈論語全解〉的禮學重構》。

提　要

　　中國儒家音樂哲學以形上基礎「道」為其根據與根源，而在形下世界則與「禮」並稱作為
準則。依憑音樂起於人心，音樂作為一種對話，或是一種工具媒介，包含人與自我、人與自然、
人與他者（社會）的和諧關係，以此提升人的境界，音樂由此指向對人類的終極關懷，而最後
又將回到形上世界的「天人合一」；但此並非形上與形下的斷裂，而是一個歷程。陳暘的《樂書》
藉由經典的訓義重申儒家音樂的基本命題——「和」，並加以考察蒐集民間音樂（俗樂）與外來
音樂（胡樂），著成了一套中國音樂的百科全書。作者藉研究陳暘《樂書》欲重構中國儒家音樂
哲學的內容，以哲學的視角探討：一、音樂之形上學向度（音樂本根論）：音樂的定義、本質與
形式、起源與根源問題；二、音樂之藝術哲學向度：其樂理思想之基礎與受到歷史文化影響的
鑑賞標準及批判理論；三、音樂之價值哲學向度：倫理學與美學之向度，包含音樂道德修養論、
音樂宗教論、音樂政治教化論等議題，以及儒家的中和為美、美善同一等觀點，以期終達天人
合一之境界。最後則是以「和」貫串整個陳暘《樂書》的中國音樂哲學，並反省與檢討陳暘《樂
書》中作為音樂哲學的侷限和不足處，進而試提出陳暘《樂書》之可取與能用之處，如此，將
音樂理論和實踐重新銜接，形上與形下不至斷裂，重構起陳暘《樂書》的音樂哲學。

目

次

第一章　緒　論

第一節　研究動機與目的

一、音樂／藝術與人之關係

　　「藝術」是由其形式、內容與生命經驗結合而成的呈現，「藝術」創造規則但卻不服從規則，有其形式卻不受形式所限，是一種未被限定的存在，是一種永遠期待著別人的理解、共鳴、期望有知音存在的價值。「藝術」的價值在於「美」，「美」雖帶給人類感官的愉悅與享受，但在此短暫的愉悅與享受之後，必然遺留下足以撼動靈魂與進入生命的，抑或說是更高層級的歡愉、喜悅及美感，更有「充實之謂美」的內心精神層次的滿足感，而不僅是藉由藝術將自我的思想與性格的張揚表現，藝術更指向著對「人」的終極關懷。

　　美學研究從「美」的表現、對於「美」的把握，以至止於理論核心的思想，因為藝術的目的在於「生命本身」，因此「藝術」本身必具有形式，並且更具備超越形式表達之能力，真正關注的乃是「精神」。「音樂」反映和蘊涵自我、社會、政治、教育、道德及倫理等思想，反映生活與態度，傳遞情感、意志、訊息，乃至於基礎的形上理論；是人與自我、人與他者、人與自然之間三個向度溝通交流與抒發情感之媒介管道；不僅限於個人感受的「美」，更能推己及人達到群體橫向向度的「美」，以及上天下地、貫穿形上與形下、垂直向度的「美」，更存在具有古往今來、歷史意義的「美」；

人能藉由藝術或音樂與對話，而更能藉由藝術活動的進行返回到自身，並且審視自身。

二、音樂哲學的問題意識：形上與形下的斷裂

「音樂」具有其形式、內容、精神、思想、審美及其根源問題等等，因而除了音樂學的專門對於音樂形式與內容的討論與研究外，「音樂美學」就成為常被廣泛地研究和探討的對象。作者最初疑慮的第一個問題為：「音樂的起源與根源問題之差異」；基督宗教存在主義神學家田立克（Paul J. Tillich, 1886～1965）提出藝術的「起源」與「根源」問題的不同，但他們追問的是，原始人類的音樂起源，亦即，音樂發生在「人類」身上的最早的起源。而音樂人類學、文化人類學亦是關注在此「起源」問題，音樂學關注的是在音樂形式與內容的「該如何」（How），而逃避音樂存在的普遍性問題，逃避音樂「根源」的問題，逃避「音樂為何存在？」「音樂因何存在？」僅以其功能及目的，停留在形而下的世界，便止步了，不再追問。

而民族音樂學前身為比較音樂學，最早由人類學研究者開始研究，而非音樂學研究者，研究重點並不在於「音樂」本身，而是「音樂在某民族、某地區、某文化中扮演的角色問題」，主要研究工作是在描述與分析，主要著眼於音樂不同的差異比較──「我」與「他者」的文化差異。可是音樂哲學卻不同，所要探討的不只僅是形下世界的音樂，而是進一步走上形上，探討音樂的本質屬性，探討起源問題而更追問根源問題，並且追問下去。音樂美學以「美」作為研究對象，但更須走上形而上的「美」的向度，作為一種超越屬性與價值；意即「美」，不能僅有形式或僅有本質，不能僅存於形上或形下，必須能貫串形上與形下。「美」是一主觀與客觀之間的問題探討，但「美」除了主客問題外，尚有社會性、作為個人修身養性的方法、人我與天人之間溝通交流的媒介，更甚至為政治服務的其他功能與目的之向度。

「音樂哲學」以哲學性的方式進行思考，重點在於使其具有銜接貫串形上與形下，重整藝術的整體性，將其理論架構「脈絡化」與「系統化」，是具有架構與完整性的，如此的處理方式使其不僅限於「思想」，亦不為音樂風格描述、作者人格特質與精神境界的描繪，試由不同視角討論「音樂」，而是總體兼備的一個音樂哲學理論架構。

在環境時代背景等不可逆的因素之下，儒家思想作為「正統」或「道統」的地位成為反動的目標，因而當代以來，學者們嘗試復興儒學，或是和其他思想結合，欲開創符合現代的「新」儒學思想。然而遺毒之說卻仍是盛行，第一位指出陳暘是「迂儒」、「腐儒」的學者，姑且不論是否有確實讀完《樂書》二百卷，即便確實有，其評斷亦有失公允、斷章取義，以致後人不明究理地援引其言論，每逢論及陳暘時，總是跟著罵上兩句，卻無深入思考「凡古必迂」此命題判斷標準的問題。如主張陳暘的復古思想是阻礙音樂進步的因素，殊不知是在無意識中，將其他音樂文化視為標準，而並非和自身的進步相比較。陳暘樂書不僅是音樂的百科全書，其中有其一套基礎理論架構支撐其音樂哲學結構，同時並具有一份身為「儒士」而對社會的關懷與責任。作者試圖將其樂書二百卷的思想體系重構起來，並為其的歷史定位作一較為中立與對於舊論反轉的評斷。任何復古的想法皆有所因、有所依，此乃吾人著眼研究思考之處，以理性開放而非先入為主的角度重構。

三、陳暘《樂書》作為中國儒家音樂哲學的代表之一

陳暘《樂書》乃是一套「中國音樂的百科全書」〔註1〕，共二百卷，全書分為「訓義」和「樂圖論」兩大部分；訓義是陳暘根據中國古代儒家音樂的論點和記載部分加以註解，並寫下陳暘對於儒家音樂的看法與擁護復古之見；而樂圖論部分是陳暘收集網羅宮廷雅樂、民間音樂（俗樂）和胡族音樂（胡樂或夷樂），將其整理記錄下來。雖然《樂書》完整龐大，但版本卻有八種，大多版本皆不完整，且年代稍遠，史料缺乏，對於陳暘《樂書》的記載亦語焉不詳；另外，加之在《樂書》完成時，並未出版，而是「儲之秘閣，久而未彰」〔註2〕，直至一百多年後才將陳暘後人所藏之副本重新刊印，因此歷代相關之研究更是稀少，研究陳暘《樂書》的困難度更是不容小覷。

最先引起專家學者們對於《樂書》的注意，並非是思想或哲學專業的領域，而是音樂學者專家，他們開始發現陳暘《樂書》是中國音樂史上的重要著作，並且認定其所具有的學術價值，二十世紀中至今，學者們陸續相繼開始對陳暘《樂書》感到興趣著手研究。然目前以哲學視角研究陳暘《樂書》

〔註1〕王世襄：〈宋代陳暘《樂書》──中國第一本音樂百科全書〉，中國藝術研究院音樂研究所《音樂學叢刊》，北京文化藝術出版社，頁74，1984年7月。

〔註2〕見《宋史·樂記》卷126。

的研究並未現世，由音樂學者與專家所研究的成果大多是關於音樂理論與樂器之研究，或是限於民族音樂學的範疇，對於陳暘《樂書》的哲學思想意涵，目前在中國大陸、臺灣地區與日本並未有研究成果，因此作者雖才疏學淺，但仍願欲拋磚引玉，試研究陳暘《樂書》重構其音樂哲學；陳暘《樂書》乃集儒家對於音樂論述的經典之作，在其中亦有其獨特之立場，因此陳暘《樂書》之研究不僅能提供後人研究方向與材料，亦是具有意義價值，與開創此領域之指標性。

前人研究大多偏重《樂書》中的《樂圖論》部分，並無對其訓義及思想層面研究之成果，無音樂哲學之內容與架構，雖肯定陳暘《樂書》在中國音樂史上的地位，但在音樂哲學更甚是哲學領域卻無任何研究與發展。或將陳暘《樂書》獨立於音樂學、民族音樂學（比較音樂學）、藝術人類學、藝術文化範疇中做研究討論，卻未能從其時代、文化、藝術、思想、政治等面向，甚至以「哲學」角度觀其《樂書》全貌，僅能視之為音樂學、文化學、樂器學研究或田野調查之成果，留於考察階段，無法建構其思想系統而為「音樂哲學」。或關注於陳暘《樂書》的版本考據與句讀，僅能視之為初步思想的解析，並未建立起陳暘《樂書》的音樂哲學研究架構。

雖已對陳暘《樂書》進行了基礎研究，並也具有一定程度的貢獻，但作者更以為陳暘之《樂書》在對於當時音樂的搜集與紀錄之外，其以「音樂」作為線索而能重構整個哲學體系，且對於儒家音樂哲學更具有承襲與集其大成之貢獻，具儒家音樂哲學之架構與重點之撮要，因此作者欲基於《樂書》之文本，建構其音樂哲學之架構。作者以陳暘《樂書》建構其音樂哲學之理論，修訂其音樂哲學之定義與概念命題，並指出其主要觀點，進而提出陳暘《樂書》之音樂哲學的可能開展與其侷限，於最後反省檢討。陳暘《樂書》與儒家音樂哲學有何能用，有何可取與不足之處。作者將哲學與音樂藝術跨領域之研究，使音樂能從形下世界與形上境界的接軌，藉研究陳暘《樂書》，重構並發前人所之未發的中國音樂哲學系統。

第二節　研究範圍與對象

一、研究範圍

欲研究儒家音樂哲學與陳暘《樂書》，必先了解中國音樂發展的演變與

脈絡，特別是儒家音樂思想的沿革，其時代背景、政治環境、文化背景、藝術風氣、時代的音樂思想與理論發展等等，對於陳暘《樂書》具有相當的影響。必先對於背景與歷史有所掌握，方能明白歷史因素對陳暘之影響，且能準確掌握住陳暘《樂書》的核心價值與問題意識。中國音樂的演變與脈絡，及宋代的政治、文化背景、藝術風氣與音樂思想也對於陳暘《樂書》亦具有相當的影響，因此作者將音樂相關思想與原文原典亦納入在研究範圍內，所使用之經典、文獻、資料與版本，將於各頁下方隨頁註腳處及本文最後參考文獻處予以說明。過往的歷史是如何影響陳暘及其《樂書》？陳暘及其《樂書》又是如何影響未來之歷史？如此方能全面性地掌握其哲學的內涵，因此作者進行史書文獻疏理考察，於本書第二章作為整體研究之前識。

《樂書》共二百卷，全書分為「訓義」和「樂圖論」兩大部分；《樂書》在卷 1 至卷 95 的訓義部分就已提出其對於音樂經典的研究範圍：《禮記》訓義 36 卷（卷 1 至卷 36），《周禮》訓義 19 卷（卷 37 至卷 55），《儀禮》訓義 5 卷（卷 56 至卷 60），《詩經》訓義 14 卷（卷 61 至卷 74），《尚書》訓義 6 卷（卷 75 至卷 80），《春秋》訓義 1 卷（卷 81），《周易》訓義 2 卷（卷 82 至卷 83），《孝經》訓義 1 卷（卷 84），《論語》訓義 6 卷（卷 85 至卷 90），《孟子》訓義 5 卷（卷 91 至卷 95）。因此，陳暘訓義之經典乃為研究《樂書》卷 1 至卷 95「訓義」部分的核心與基礎，是陳暘根據中國古代音樂思想的論點和經典部分加以詮解，陳暘為其訓義，為書主要研究之範圍，作為主要哲學理論之基石。

《樂書》卷 96 至卷 200 的樂圖論部分，雜含音樂學與理論基礎：十二律、五聲、八音等，和音樂不可分的詩歌、樂舞、雜樂及五禮；另外將當時所知的樂器、樂團編制及音樂相關知識皆考據記錄下來，佐以陳暘自己的見解和評價。卷 96 至卷 200 的樂圖論內容為：樂圖總論 2 卷（卷 96 至卷 97），十二律的序論與本論 7 卷（卷 98 至卷 104），論五聲八音 46 卷（卷 105 至卷 150），論詩歌 14 卷（卷 151 至卷 164），論樂舞 20 卷（卷 165 至卷 184），論雜樂 4 卷（卷 185 至卷 188），論五禮 12 卷（卷 189 至卷 200）。陳暘廣用儒家經典為樂圖論部分之音樂理論立基，以「圖」為主要呈顯，以文字方式說明，據此，研究《樂書》「樂圖論」部分，儒家精典相關的文獻與引用，亦為本書研究之範圍。

陳暘《樂書》內容架構簡表〔註3〕

		經書解注（依序）：
	訓義（一至九十五卷）	禮記（卷1～36）、周禮（卷37～55）、儀禮（卷56～60）、詩經（卷61～74）、尚書（卷75～80）、春秋（卷81）、周易（卷82～83）、孝經（卷84）、論語（卷85～90）、孟子（卷91～95）。

		1. 音律理論：律呂、五聲八音。（卷96～150）	
		2. 樂器與樂隊編制（卷96～150）	雅部：金、石
			俗部：樂縣（樂隊）
樂書（二百卷）	樂圖論（九十六至二百卷）		雅部：土、革、絲、竹、匏、木
			胡部：金、石、土、革、絲、竹、匏、木
			俗部：金、石、土、革、絲、竹、匏、木
		3. 詩歌（卷151～164）	雅部
			胡部
			俗部
		4. 樂舞（卷165～184）	雅部
			胡部
			俗部
		5. 雜樂（卷185～188）	俗部
		6. 五禮（卷189～200）	吉禮、凶禮、賓禮、軍禮、嘉禮。

二、研究對象

　　張玉柱的《中國音樂哲學》〔註4〕一書對於「音樂哲學」此概念之提出與建構頗值得參考，張玉柱音樂哲學的架構大略分為五個項目：音樂國家政治論、音樂社會風氣論、音樂個人修養論、音樂教育論、音樂道德論與音樂宗教論。張玉柱在建構中國音樂哲學時，著眼於形下世界中音樂的「用」，卻忽略了音樂形上基礎的「體」，作者以為於理論之建構恐稍有不足，仍尚停留於「音樂思想」的層面，且僅針對儒家之說作探討，實為可惜。然而我們仍不可抹煞張玉柱對於提出「中國音樂哲學」一詞及其內容之界定，有其貢獻及

〔註3〕按王世襄：〈宋代陳暘《樂書》——中國第一本音樂百科全書〉，陳暘《樂書》內容簡表。

〔註4〕張玉柱：《中國音樂哲學》，臺北：樂韻出版社，1985。

可貴之處。因此，作者建構陳暘《樂書》儒家音樂哲學之架構，與重整、修訂音樂哲學之定義與概念命題，參考尤煌傑美學理論的架構，加以修改而為：「音樂形上學之向度（音樂本根論）」、「音樂之藝術哲學向度」及「音樂之價值學向度（音樂之倫理學向度與音樂之美學向度）」〔註5〕，以陳暘《樂書》之內容架構呈顯出儒家音樂哲學之經要，冀望能建立起一套不同面貌、不同視角、盡量完整與全面性的儒家音樂哲學系統。

（一）音樂形上學之向度（音樂本根論）

「哲學」之所以和「思想」有所差距，在於重視「本質」與其形上基礎，這亦是「哲學」之可貴處，因此「音樂哲學」既然是以「哲學」之名，故當然必有「哲學」之實；萬事萬物必求一形上的基礎，豈能獨「音樂」無？基督宗教存在主義神學家田立克（Paul J. Tillich, 1886-1965）提出藝術的「起源」與「根源」問題的不同，但追問的是「原始人類的音樂起源」，即音樂發生在「人類」的最早起源。一般研究亦關注在此「起源」問題，而逃避音樂「根源」的問題，逃避「音樂為何存在？」「音樂因何存在？」僅以其功能及目的，停留在形而下的世界，便止步了，不再追問。陳暘為中國儒家音樂哲學的集大成者，其於《樂書》中進行了音樂本質的哲學性思考，不僅探討音樂的起源問題，更追問音樂的根源問題，並且由音樂的起源問題推導至音樂的根源問題，將「音樂」由形下推論至形上。

1. 音樂的起源問題

音樂的起源問題探討的是音樂發生在人類身上的最早起源，即音樂的文化意涵的開端，這是音樂在形而下的世界中，和人類具有直接相關的、最為自然的發展。中國儒家傳統的概念中，音樂的起源來自於「人心」，人心與外物接觸時而有「聲」，聲雜比而為「音」，再加以搭配「舞」而為文化內涵豐富的「樂」，此為音樂的起源問題之推導；也由於「人心」的內涵概念纏繞著「性」、「情」、「欲」等概念，因此，容於本書第三章中再細細探討。而「人心」作為形下世界音樂的起始點，卻並非是音樂的終極原因與原理，亦可繼續往形上溯源，逐步推論至「命」與「天」，乃止於終極原因與原理之「道」；由是，形上與形下的音樂並非斷裂的，而是貫串形上與形下及落實體與用的

〔註5〕尤煌傑：《美學基本原理——士林哲學的美學理論建構》，第二篇「一般美學理論」，頁97～224。

兩個面向。

2. 音樂的根源問題

　　既音樂可往形上溯源尋根，由「人心」逐步推論至「命」與「天」，乃止於終極原因與原理之「道」，由是，形上與形下的音樂並非斷裂的，而是貫串形上與形下及落實體與用的兩個面向。音樂的根源問題即形上學問題，陳暘《樂書》中指出音樂根源問題的命題：「樂由天作、禮以地制」，直指「道」的概念；在大化流行，亦指出「氣」與「陰陽」的運作；而後受漢儒氣化宇宙論之影響，論及陰陽與五行作為一種基本元素與局面情勢的象徵，如何承載形上一連串的概念而落實至形下世界，並成為形下世界的圭臬，成為人類在音樂上效仿、學習及類比的內容，及其運作的規則如何建構起音樂的理論與基礎。

（二）音樂之藝術哲學向度

　　各種哲學理論或各家各派，皆會以不同的方式詮釋與理解有關「音樂」之文獻，並使用不同的立場、視角與觀點來看待之。故「音樂」是一個概念，它固然具有普遍性，但各種哲學理論或各家各派仍會對「音樂」之概念產生不同的理解與詮釋，況且立場之不同也會造成不同其對於「音樂」的闡述與詮釋之差異，因此「音樂」一概念的定義就顯得極為重要，其之間的差異性就值得研究與比較。故當進行音樂哲學之研究時，「音樂」此概念的定義就顯得相當具有重要性。確認定義之後，接續探討音樂的形式與本質，研究音樂的起源問題，而在群體之中，究竟對於這個「意識」是如何描述與解讀的，此乃另一重點。

　　在藝術哲學向度中涵蓋的範圍，有音樂學與樂理基礎、鑑賞理論與批判理論等研究子題，而以陳暘《樂書》中所關注的論題，主要有二：音樂學以及樂理基礎理論的主題——「辨四清、明二變」，以及涉及中國文化之鑑賞與批判論題——「雅胡俗之論辨」。在此，第一部份需先逐步推導音樂學的樂理基礎是如何根據形上基礎理論而落實於形下世界，即音樂學的樂理基礎是體現「以道寓器，以器寓道」觀念，如何使有形式的音樂去承載無形象的「道」。第二部份則是陳暘如何評判雅樂、胡樂、俗樂三者的文化優劣，以及考量人民情性和社會所需的優先順序，進而研究音樂與人心之間的交互影響與關係。

（三）音樂之價值學向度

1. 音樂之倫理學向度

　　音樂之倫理學向度包含：音樂道德修養論、音樂政治教化論、音樂宗教論三者。音樂藝術本身蘊涵著真、善、美的素質，好的藝術必須具備這三個要旨，沒有「真實」的音樂，不足以感人，缺乏「善意」的音樂不能動人，了無「美質」的音樂則無法稱得上是高尚的藝術。而這音樂的三個素質卻都足以表徵道德，如張玉柱所言：「音樂就是道德的象徵。」〔註6〕《史記·樂書》亦云：「樂者，所以象德也；禮者，所以閉淫也。」我們的心念意志指揮著我們的行為舉止，以樂養德修身，追求生命的情調與美感。因此以儒家言，音樂乃修德養身的一種途徑與方法，陶冶情操、抒發心志，此為音樂倫理學的首部工作。禮治其外，樂化其內：禮樂乃教化之工具，「禮」與「樂」乃是一內一外的修德之法，實質上乃是一體兩面，要旨在莊敬修身與維持社會平和。「禮」主要修正人的外在，亦即行為規範，而「樂」則是修心之法，平定心志與正己正人。而儒家音樂哲學其特色之一，乃是「藝術為人生服務」與「藝術為政治服務」，尤其是禮樂教化之說，在歷史上更是深深地打動上位者及知識份子們；而成為一極為主流之音樂政治論。上述音樂道德修養論已說明對於個人的要求，其次擴及家庭，乃至拓及社會，以音樂作為團結與齊一心志的手段，小至家庭宗族，大至國家民族，統一意志、維繫民心，如此推己及人的觀點在音樂上亦作如是觀。「樂能通政、審樂知政」即說明音樂與政治之間的相互關係與影響。而聖王知樂，以崇德服民，意謂上位者以音樂教化人心，以其德服其民，百姓安居樂業、以樂修德，達至和平之社會秩序。

　　古代所謂「宗教」，其實是指祭祀天地與宗廟祖先而言，不宜解釋為是迷信的，因古代人民對自然現象的無法解釋，無知與恐懼的問題必須託詞予鬼神，以鬼神之說予以人民精神與外在行為的約束與規範，行為必須順天而行。《周易·象傳》言：「先王以作樂崇德，殷薦上帝，以配祖考。」《禮記·樂記》亦曰：「若夫禮樂之施於金石，越於聲音，用於宗廟社稷，事乎山川鬼神，則此所與民同也。」因此進行宗教儀式時，以音樂為媒介，目的在於和悅神人、感召祖考與祭祀天地。《詩經》有：「無忝爾祖，聿修厥德」之言，因此祭祖乃中國的風俗傳統，這是倫理而非迷信。〔註7〕儒家音樂哲學另一特色，

〔註6〕張玉柱：《中國音樂哲學》，頁71。
〔註7〕張玉柱：《中國音樂哲學》，頁68。

乃是「音樂與宗教之間的關係」，音樂用以祭祀天地、祖先、神靈以及祝禱風調、雨順、豐收等典禮時而演奏，它體現在當時的宮廷郊社、廟宇宗堂或政治軍事等各方面，而成為音樂宗教論。音樂宗教論主要內容及目的，概述為兩點：一、和人悅神：在中國文化之下，音樂與祭祀乃是分不開的，音樂作為人與神之間的溝通工具，等於是附屬於宗教之下的「音樂」。二、祭祖敬天：古時的所謂事鬼神，其實乃指宗廟祖先而言，不宜當作迷信的鬼神來解釋，僅為追念祖先、飲水思源之目的。因此借由音樂以作為一種追思與緬懷，進而向天地致敬的一種方式。

2. 音樂之審美學向度

尤煌傑說：「在中國的藝術傳統裡，並沒有發生過孤絕地進行藝術活動而和現實生活不發生一點關係的純藝術，在任何藝術活動中所欲表現的精神都是和個人情操、認知，甚至天人之際有密切的關聯產生。〔註8〕」於中國音樂哲學而言，無論是任何音樂理論，有其目的與意義存在，據此，音樂的審美標準與音樂創造的標準，並不僅存在於感性知覺，而是感性與理性功能的融合、深入、乃至超昇；因而此標準就不僅限於藝術的標準，而是更具有道德意涵的道德或是價值標準。音樂為儒家而言，不僅是個人修養、家庭和睦、政治教育的方法，更貫徹了推己及人的精神，其重要的意義在於藝術和道德的根源為同一的，音樂教化人心乃預設了人文教養的美善涵義，審美與創作是必需和道德境界相容不悖的，達至一個「和諧」的目標。〔註9〕至此，中國儒家音樂哲學早已預設了一個藝術及道德的準則，兩者各自自律卻又有其交互關係，此課題即為「藝」與「德」。

「美」的向度與價值不僅僅在於形下向度，「美」能向上提昇而進入形上向度，因此美學決不能只僅僅於形下作探討，必然走向形上的路子；若然不探討「音樂」的本質與其形上基礎，便不容易了解其音樂美學，即便探討了「美」，也僅是形下的「美」罷了，並非真正的「美」。音樂哲學實兼具形上與形下的雙重意涵。因此音樂美學作為一關於音樂之研究，不能閉門造車地在形下的世界劃地自限，必定也要向形上的世界去作探求。音樂美學之研究已然是成果豐碩，但作者希望以一己之力重新整理與介紹，提出陳暘「中和為美」、「美善同一」的美學命題，最終達天人合一之境界，並以此項作為儒

〔註8〕參見尤煌傑：《美學基本原理——士林哲學的美學理論建構》，頁221。
〔註9〕仝上，頁270～274。

家音樂哲學的概念群內容之一。

陳暘《樂書》音樂哲學架構簡表

音樂哲學	音樂之形上學向度（音樂本根論）	音樂起源問題	天←命←性(未發) 情（已發）→聲→音→樂
		音樂根源問題	道／陰陽、五行／←天←命←性
	音樂之藝術哲學向度	音樂學與樂理理論：辨四清、明二變	
		鑑賞論及批判理論：雅胡俗之論辨	
	音樂之價值學向度	音樂之倫理學向度	音樂道德修養論 音樂政治教化論 音樂宗教論
		音樂之美學向度	美善同一、中和為美→天人合一

第三節　文獻探討與前人研究

一、文獻版本

　　關於文獻部分，《樂書》自南宋慶元六年（公元 1200 年）首刊以來，元、明、清各有版本留存於世。單蕾〈陳暘《樂書》版本初步研究〉一文中，考據各種著作或目錄中相關記載，南宋有四版、元本有五、明本有三、清本有二，茲列如下：

（一）宋本：

1. 密府本。

2. 陳暘後代家藏副本。

3. 南宋慶元六年本，《文獻通考・經籍考》、《皕宋樓藏書志》、《箋經室所見宋元書題跋一卷》、《藏園訂補邵亭知見傳本書目》、《張元濟古籍書目序跋滙編》都有記載此一版本，此本依據陳暘後代家藏副本，由陳岐倡議刻梓，林子沖校勘，楊萬里序。《樂書》前有楊萬里序、建中靖國牒并詔、〈進《樂書》表〉、〈《樂書》序〉，末有陳岐跋、林子沖書。後世各種版本，多據此版。

4. 南宋嘉泰二年本，《平津館鑒藏記書籍補遺》和《樂書正誤・後序》，記載此本。《樂書正誤》為樓鑰將慶元六年本與嘉泰二年本相互校勘而成。

（二）元本：

1. 宋刊元修本，《皕宋樓藏書志》載，據南宋慶元六年本重刊。

2. 宋刻元印本，《中國善本書提要》載，但未載根據何版刻印。

3. 元重刊本，《平津館鑒藏記書籍補遺》載，據南宋慶元六年本重刊。

4. 元至治刻本，《鐵琴銅劍樓藏書目錄》和《善本書室藏書志》載，據南宋慶元六年本重刻。

5. 元至正七年刻本，《楹書隅錄》、《箋經室所見宋元書題跋一卷》、《愛日經廬藏書志》、《藏園群書經眼錄》四處載，據南宋慶元六年本重刻。

（三）明本：

1. 宋刻明印本，《中國善本書提要》載，但未載據何版、明何時所刻印。

2. 元至正七年福州路儒學本刻明修本，《北京圖書館古籍善本書目（經部）》和《中國古籍善本書目（經部）》載，據元至正七年刻本。

3. 明人藍格抄本，《皕宋樓藏書志》載，前序後跋內容與南宋慶元六年本同。

（四）清本：

1. 清乾隆景印文淵閣四庫全書本，《中國音樂書譜志》載，未說明版本來源。

2. 清光緒二年定遠方濬師廣州刊本，《抱經樓藏書志》載，前有楊萬里序、建中靖國牒并詔、〈進《樂書》表〉、《樂書》序〉、方濬師序。

　　除去陳暘後代家藏副本，現流世之版本，據日本新潟大學退休教授兒玉憲明整理考察後，已為詳細和正確，陳暘《樂書》現存有七版〔註 10〕；但作者加以發現，遺漏宋刊元修本和光緒二年廣州學源堂重刊本。因此陳暘《樂書》至目前已知留存之版本有九，茲列如下：

1. 宋慶元六年刊本。

2. 宋刊元修本。

3. 宋刻元印本。

〔註10〕兒玉憲明，日本新潟大學現代社會文化研究科准教授退休、日本中國學會委員、日本東洋音樂學會委員，其致力於陳暘《樂書》之版本校勘與音樂思想研究。兒玉憲明於其「中國思想史研究室」中所述之七個版本，經作者考察比對皆為一致。參見「中國思想史研究室」之網頁：http://hyena.human.niigata-u.ac.jp/files/textdb/chenyang/yueix.html。

4. 宋刻元修本，靜嘉堂文庫藏。

5. 宋刻明印本。

6. 元至正福州路儒學本刻明修本，北平圖書館、中國大陸諸大學之圖書館俱藏，此版乃現於中國流傳最廣的版本。臺灣國家圖書館之元至正福州路儒學元刻明嘉靖間南監補修本為同一版，有序無跋，目錄全。

7. 清光緒二年定遠方濬師廣州刊本，清林宇沖校勘。

8. 清光緒二年廣州學源堂重刊本，與陳祥道《禮書》合刻，日本愛知大學藏。

9. 清乾隆景印文淵閣四庫全書本。

　　因作者於兒玉憲明處取得東京國會圖書館之宋慶元六年刊本電子圖檔，本書之研究主要採宋刊本，宋刊本乃為時代最早之版本，並輔以臺灣國家圖書館之元至正福州路儒學元刻明嘉靖間南監補修本及清乾隆景印文淵閣四庫全書本，如有疑慮訛誤之處以便作一對校。除文淵閣四庫本之外，其他版本如宋刊元修本、宋刻元印本、宋刻元修本、宋刻明印本等版本內容缺失太多，或者取得不易，因此不考慮使用。另，元清本雖取得較易，但卻是時代最晚的版本，且文字脫落頗多、圖亦多誤，作者以為與宋刊本相去較遠，較不可據，但在諸版本缺失有疑慮訛誤之時，作者以對照校勘方式處理，期取得可能最為正確、真實、合理之解釋。

　　《樂書》本身在卷 1 至卷 95 的「訓義」部分就已提出其對於音樂經典的研究範圍：《禮記》訓義 36 卷（卷 1 至卷 36），《周禮》訓義 19 卷（卷 37 至卷 55），《儀禮》訓義 5 卷（卷 56 至卷 60），《詩經》訓義 14 卷（卷 61 至卷 74），《尚書》訓義 6 卷（卷 75 至卷 80），《春秋》訓義 1 卷（卷 81），《周易》訓義 2 卷（卷 82 至卷 83），《孝經》訓義 1 卷（卷 84），《論語》訓義 6 卷（卷 85 至卷 90），《孟子》訓義 5 卷（卷 91 至卷 95）。因此，陳暘訓義之經典乃為研究《樂書》卷 1 至卷 95「訓義」部分的核心與基礎，亦為本書主要研究之範圍。

　　《樂書》卷 96 至卷 200 的樂圖論部分，雜含音樂理論——十二律、五聲、八音，和音樂不可分的詩歌、樂舞、雜樂及五禮，陳暘以古代經典為據，探討音樂理論；另外將當時所知的樂器、樂團編制及音樂相關知識皆考據記錄下來。卷 96 至卷 200 的「樂圖論」內容為：「樂圖總論」2 卷（卷 96 至卷 97），十二律「序論」與「本論」7 卷（卷 98 至卷 104），「論五聲八音」46 卷（卷

105 至卷 150），「論詩歌」14 卷（卷 151 至卷 164），「論樂舞」20 卷（卷 165 至卷 184），「論雜樂」4 卷（卷 185 至卷 188），「論五禮」12 卷（卷 189 至卷 200）。

陳暘廣用儒家經典為樂圖論部分之音樂理論立基，以「圖」為主要呈顯方式，而以文字方式說明，據此，研究《樂書》卷 96 至卷 200 的「樂圖論」部分，以及儒家精典相關的文獻與引用，亦在本書研究之範圍內。另，中國音樂的演變與脈絡，陳暘生平與著作、時代背景、宋代政治環境、文化背景、藝術風氣與音樂思想也對於陳暘《樂書》亦具有相當的影響，因此作者將音樂相關思想與原文原典亦納入在研究範圍內，所使用之經典、文獻、資料與版本，於各頁下方隨頁註腳處及本書最後參考文獻處予以說明。

二、前人研究與評述

（一）專論

作者考察日本、臺灣與中國大陸對於陳暘《樂書》之研究成果，資料可說是相當稀少，一篇專論期刊：王世襄〈宋代陳暘《樂書》——中國第一本音樂百科全書〉及一本專書：鄭長鈴《陳暘及其樂書研究》〔註 11〕，茲評如下：

1. 王世襄：〈宋代陳暘《樂書》——中國第一本音樂百科全書〉〔註 12〕

王世襄以為，陳暘《樂書》兼有其優缺點。並指出其缺點有二：其一、重申早在宋代樓鑰《樂書正誤》中已指出缺點：「求其所謂聲者，終不可得」，已明確地提出來；其二，他具有濃厚的復古思想，然陳暘不可能脫離其政治

〔註 11〕本書為作者於輔仁大學哲學系之博士學位論文《陳暘〈樂書〉音樂哲學之研究》增修益補而出版，當時研究論述至本書出版時間，已有學者陸續對相關主題進行研究、刊發專論，亦有由外文翻譯成中文之論著；然卻仍或是生平家族考究、或是《樂書》版本考與句讀問題、或是略微提及、或是對比研究、或仍是關注《樂圖論》樂器之部分等等，皆未見有相關思想層面的研究與討論，亦無由哲學視角之研究。因而在此暫不錄入本書寫作至出版期間的其他研究成果。

〔註 12〕按王世襄：〈宋陳暘《樂書》——我國第一部音樂百科全書〉，中國藝術研究院音樂研究所《音樂學叢刊》第三輯，北京文化藝術出版社，1984 年 7 月，頁 74：「《樂書》當然有它的缺點。……。宋樓鑰在《樂書正誤後記》中便指出『求其所謂聲者，終不可得』，已將這個缺點明確提出來。陳暘的另一個突出的缺點是他有濃厚的復古思想。……。這些觀點當然是錯誤的。陳暘不可能脫離他的階級立場和時代背景。……。作樂和制禮一樣，目的在鞏固封建統治，為當時的政治服務，這正是陳暘復古思想的根源。」

階級立場和時代背景，目的在鞏固封建統治，為當時的政治服務，這正是復古思想的根源。

2. 鄭長鈴：《陳暘及其樂書研究》

鄭長鈴將本書主要分為陳暘其人與《樂書》研究兩部分；作者赴福建田野調查與考察，對其生平事蹟、家族背景、思想轉向有深入地研究，將陳暘栩栩如生地呈現在吾人面前；而其樂書研究之部分，主要是內容初步地內容解讀，使吾人能夠容易地研讀其內容，然無系統架構的翻譯句讀研究，頗為可惜。

（二）中國音樂史論相關書籍

作者於諸多「中國音樂史論」部分之相關書籍，皆能覓得陳暘《樂書》的蹤跡，茲評如下：

1. 劉再生：《中國古代音樂史簡述》，北京：人民音樂出版社，1989。〔註13〕

劉再生認為陳暘的音樂思想以儒家「中庸之道」作為衡量音樂的標準，《樂書》更屬宋代宮廷雅樂派復古主義思想的反映，具有保守傾向，其人其書呈現出來的是歷史的侷限性。

2. 鄭祖襄：《中國古代音樂史學概論》，北京：人民音樂出版社，1998。〔註14〕

鄭祖襄為陳暘《樂書》予以了極高之評價。其以歷史的角度，肯定陳暘及其《樂書》對於音樂保存紀錄的意義與價值，並且兼具了民間音樂與外來音樂，肯認其音樂文化觀念的寬大，與音樂史學上的價值。

〔註13〕劉再生：《中國古代音樂史簡述》，北京：人民音樂出版社，1989，頁333～334：「陳暘是北宋時期宮廷雅樂派的代表人物，音樂思想具有保守傾向。他以儒家的中庸之道作為衡量音樂的標準，認為『古樂之發，中則和，過則淫。』對俗樂和胡樂也持否定態度。在樂律音階上，反對用變宮和變徵二音，主張『五聲十二律，樂之正也；二變四清，樂之蠹也。』在音域方面，又主張只用一個八度之內的音，所有這些，都是宋代宮廷雅樂派復古主義思想的反映，表現了作者的歷史侷限性。」
〔註14〕鄭祖襄：《中國古代音樂史學概論》，北京：人民音樂出版社，1998，頁135：「《樂書》雖然是一部音樂的百科全書，但書中作者對歷朝的音樂史實（尤其是唐代時期的音樂）均予以紀錄下來，並逐一進行考證，而且，對那些不為封建士大夫們所重視的民間音樂和外來音樂，《樂書》多有留載，反映出作者的音樂文化觀念比較寬大，所以，這本著作也就具有重要的音樂史學價值。」

3. 蔡仲德：《中國音樂美學史》，北京：人民音樂出版社，1995。〔註15〕

本書對於陳暘《樂書》中所提「四清」（音域限制於一個八度之內）和「二變」（五聲十二律以外的任何變化音）的見解極為嗤之以鼻，認為陳暘以音律附和其政治思想，這種思想不僅極為陳腐，而且同屬荒唐，毫無新意。

4. 蔡仲德：《中國音樂美學史資料注釋》，北京：人民音樂出版社，1990。〔註16〕

本書批判以儒家經義崇雅樂抑胡鄭的音樂目標，認為音樂作為維護倫理綱常和封建政權的工具。將陳暘及其《樂書》以姜夔災異譴告之說比擬之，認為其反映了北宋後期封建沒落時期極為保守的音樂思想。

5. 楊蔭瀏：《中國音樂史綱》，北京：人民音樂出版社，1985。

本書將陳暘視為一個「徹頭徹尾的復古主義者」，其人及其《樂書》帶有濃厚的中央集權的封建統治色彩，並將其所提出的「中庸之道」詮釋為唯心主義的基礎，強調其繼承而抹殺發展之可能，雖然肯定《樂書》是具有紀念碑性的音樂百科全書，陳暘亦盡了其歷史使命，然要達至陳暘所謂真正的「樂」之境界，卻只有在經書考古之中饒有所得。

其他如：薛宗明：《中國音樂史》、祈文源：《中國音樂史》、孫繼南：《中國音樂通史簡編》、鄭覲文：《中國音樂史》、王光祈：《中國音樂史》、田邊尚雄：《中國音樂史》、廖輔叔：《中國古代音樂簡史》、金文達：《中國古代音樂史》等於中國音樂史論的專書中皆可窺見一二，雖然都曾提及陳暘及其《樂書》，卻只是略提而並無專論，或為該書作者直接予以價值評斷，作者以為此種著作屬批判藝術史，故非哲學性思考與客觀性研究陳暘之《樂書》，直接予以評斷未免失之公允，且極有可能造成誤讀、誤判或是斷章取義之結果。另外，苗建華：《陳暘《樂書》研究》、單蕾：《清代以前陳暘《樂書》版本調查

〔註15〕蔡仲德：《中國音樂美學史》，北京：人民音樂出版社，1995，頁670～672：「這種反對使用五聲十二律以外的任何變化音，認為音律能直接決定政治的思想不僅極為陳腐，而且同屬荒唐。……在音樂領域實行文化專制主義，其思想與《《樂書》序》同樣陳腐，毫無新意。」

〔註16〕蔡仲德：《中國音樂美學史資料注釋》，北京：人民音樂出版社，1990，下冊頁550：「不僅主張以儒家經義去崇雅樂，抑胡、鄭，達到『君子以成』、『天下以寧』，維護倫理綱常和封建政權的目的，而且視二變四清為『樂之蠹』，認為二變四清『傷教害道』，不合『尊無二上』之旨，這與姜夔五聲失序便『人事不和』、『天時多忒』，五聲協和則『休祥自至』、『災害自消』之說同樣荒唐，突出地反映了封建沒落時期極為保守的音樂思想。」

與研究》、黃玉華：《陳暘《樂書・樂圖論》音樂文獻價值探討》、葉星吟：《陳暘《樂書・樂圖論》研究》、程瑋華：《陳暘樂書研究——樂律理論與雅部樂器》、范娜：《陳暘《樂書・樂圖論・八音雅部》樂器記述研究》皆為音樂學相關碩士學位論文。以上論點對陳暘《樂書》之研究，大致有幾個特點，茲列如下：

一、上述研究偏重《樂書》中的《樂圖論》部分，並無對其訓義及思想層面研究之成果，無音樂哲學之內容與架構，雖肯定陳暘《樂書》在中國音樂史上的地位，但在音樂哲學更甚是哲學領域卻無任何研究與發展。

二、將陳暘《樂書》獨立於音樂學、民族音樂學（比較音樂學）、藝術人類學、藝術文化範疇中做研究討論，卻未能從其時代、文化、藝術、思想、政治等面向，甚至以「哲學」角度觀其《樂書》全貌，僅能視之為音樂學、文化學、樂器學研究或田野調查之成果，留於考察階段，無法建構其思想系統而為「音樂哲學」。

三、研究注重於陳暘《樂書》的版本考據與句讀，僅能視之為初步思想的解析，並未建立起陳暘《樂書》的音樂哲學研究架構。

　　據此，上述學者之研究雖已對陳暘《樂書》進行了基礎研究，並也具有一定程度的貢獻，但作者更以為陳暘之《樂書》在對於當時音樂的搜集與紀錄之外，其以「音樂」作為線索而能重構整個哲學體系，且對於儒家音樂哲學更具有承襲與集其大成之貢獻，具儒家音樂哲學之架構與重點之撮要，因此作者欲基於《樂書》之文本，建構其音樂哲學之架構。

第四節　研究方法與架構

一、研究方法

　　本書擬以陳暘《樂書》一書進行歷史分析研究法（文化詮釋法）、文獻研究法、基源問題研究法、詮釋法、質問法；將「何謂音樂？」一問以哲學性的方式進行思考，以理解陳暘《樂書》的核心思想，試詮釋陳暘《樂書》中儒家音樂哲學觀點，並再進一步地將其架構與體系化。本書所使用的研究方法分為以下五種：

（一）歷史分析研究法（文化詮釋法）

人是歷史性的動物，歷史需由人所創造，人也必須生活在歷史之中，因此歷史的脈絡與發展對於個人思想有莫大的影響。欲研究儒家音樂哲學與陳暘《樂書》，必先了解中國音樂發展的演變與脈絡，特別是儒家音樂思想的沿革，其時代背景、政治環境、文化背景、藝術風氣、時代的音樂思想與理論發展等等，對於陳暘《樂書》具有相當的影響。必先對於背景與歷史有所掌握，方能明白歷史因素對陳暘之影響，且能準確掌握住陳暘《樂書》的核心價值與問題意識。過往的歷史是如何影響陳暘及其《樂書》？陳暘及其《樂書》又是如何影響未來之歷史？如此方能全面性地掌握其哲學的內涵。

（二）文獻研究法

以陳暘《樂書》作為基礎文獻進行研究，必忠於作者的原文，而進一步對義理有所把握，而《樂書》一書陳暘更是引用諸多古籍論述音樂的經典，因此儒家關於音樂思想的文獻以及文中所出現典故之相關文獻亦在研究範圍內，否則無法全面性地掌握陳暘《樂書》及儒家音樂哲學。除對於原典的分析之外，作者對於原文的義理也將重新歸納與整理，將陳暘《樂書》一書中作分析與探討，整理出較完整與建構出系統化的音樂哲學，並將其對於儒家音樂哲學的傳承與開展作一研究與探討。儒家音樂哲學之特色在於其「為人生而音樂」、「為政治而音樂」（如《論語》、《孟子》、《荀子‧樂論》、《禮記‧樂記》等），因此作者研究對於提及音樂之專著與相關經典文獻，研究大致列舉如下：《禮記》、《周禮》、《儀禮》、《詩經》、《尚書》、《春秋》、《周易》、《孝經》、《論語》、《孟子》等等，陳暘《樂書》一書中相關於儒家經典的文獻與引用，亦在本書研究範疇中。上述有關於儒家音樂思想相關的第一手文獻資料乃是本書研究與建構陳暘《樂書》音樂哲學之基石。

（三）基源問題研究法

勞思光在其《中國哲學史》〔註17〕中就列出哲學史的方法有四種，即系統研究法、發生研究法、解釋研究法及基源問題研究法。而在其中，勞思光以為只有「基源問題研究法」能夠真正擔起哲學史研究的任務。其言：

〔註17〕勞思光：《中國哲學史》（第一卷）序言，香港：中文大學崇基學院，1980，頁6。

所謂「基源問題研究法」，是以邏輯意義的理論還原為始點，而以史
學考證工作為助力，以統攝個別哲學活動於一定設準之下為歸
宿。……我們著手整理哲學理論的時候，我們首先有一個基本了解，
就是一切個人或學派的思想理論，根本上必是對某一問題的答覆或
解答。我們如果找到了這個問題，我們即可以掌握這一部份理論的
總脈絡。反過來說，這個理論的一切內容實際上皆是以這個問題為
根源。理論上一步步的工作，不過是對那個問題提供解答的過程。
這樣，我們就稱這個問題為基源問題。〔註18〕

「基源問題研究法」即是將某哲學家或某哲學學派之理論歸結起來，再從中
找出其理論所欲回應與探討的主要哲學課題為何，並以此課題作為研究哲學
家或其學派的「起點」及「線索」。 作者以先以文獻分析的方法將文獻整理
與歸納，而以勞思光之基源問題研究法作為研究陳暘《樂書》的方法之一，
由文獻找出陳暘《樂書》中所要探討的問題意識與核心問題，進一步以此問
題進行研究，作為其音樂哲學的「原點」與貫串《樂書》一書的主軸。

（四）詮釋法（創造的詮釋學）

　　作者藉由傅偉勳「創造的詮釋學」〔註19〕（Creative Hermeneutics）架構
作為本書研究方法之一，用以解釋或詮釋陳暘《樂書》中探討音樂哲學問題
的層次。傅偉勳的「創造的詮釋學」有五個層次：

1. 「實謂」層次：「原思想家（或原典）實際上說了什麼？」
2. 「意謂」層次：「原思想家想要表達什麼？」或「他所說的意思到底是什麼？」
3. 「蘊謂」層次：「原思想家可能要說什麼？」或「原思想家所說的可能蘊涵什麼？」
4. 「當謂」層次：「原思想家（本來）應當說出什麼？」或「創造的詮釋學者應當為原思想家說出什麼？」
5. 「必謂」層次：「原思想家現在必須說出什麼？」或「為了解決原思想家未能完成的思想課題，創造的詮釋學者現在必須踐行什麼？」

〔註18〕勞思光：《中國哲學史》（第一卷），頁 16～17。
〔註19〕傅偉勳：《從創造的詮釋到大乘佛學》，臺北：東大圖書出版社，1990，頁 44～46。

因此作者將陳暘《樂書》以傅偉勳「創造的詮釋法」進行研究，將「實謂」、「意謂」、「蘊謂」、「當謂」與「必謂」五種層次分別說明與探討。

而各種哲學理論皆以不同的方式詮釋與理解哲學之文獻，並使用不同的立場、視角與觀點來看待哲學。因此作者以《樂書》一書為主軸，而儒家論述音樂之經典文獻為輔，運用上述五種方法，建構陳暘《樂書》的音樂哲學。此詮釋並非是考據或單單翻譯文字，而是帶有作者個人的理解與詮釋，透過文字表達予以建構，以儒家其他音樂相關的文獻作一對照與分析研究，先求《樂書》一書的義理，再尋出其問題意識與核心主軸觀念及其目的，進而建立起陳暘《樂書》音樂哲學的基本原理、概念、範疇等架構。

（五）質問法〔註20〕

此質問法乃是從希臘蘇格拉底開始使用，使用對話的方式反覆辯論一個問題的正反立場，需考察以前的哲學家的理論或意見，經過一番檢證的歷程後，才能確立定義與命題。經過質問法的推敲和反覆檢討修正，對於定義或命題已有了一判斷與評價的結果，據此，使用質問法的意義在於，避免基源問題法與創造的詮釋學理論走向獨斷與主觀，最終經過一道質問法的方法使用，便可知有何定義、命題及理論是具有普遍性的，足以被保留下來，而何者是獨斷主觀的部分是可以被捨棄的。

二、研究架構

各種哲學理論皆以不同的方式詮釋與理解哲學之文獻，並使用不同的立場、視角與觀點來看待之。因此作者以《樂書》一書為主軸，而儒家論述音樂之經典文獻為輔，運用上述五種方法，建構陳暘《樂書》音樂哲學之體系，並以核心命題之方式呈現層層概念與整體思想架構。此詮釋並非是考據或單單翻譯文字，而是帶有作者個人的理解與詮釋，透過文字表達與哲學概念之建構，與儒家音樂相關的文獻作一對照與分析研究，先求《樂書》一書的義理，再者尋出其問題意識與核心主軸觀念及其目的，進而建立起陳暘《樂書》音樂哲學中的基本原理、概念、範疇與詮解。本書目次與內容說明敘述如下：

〔註20〕此質問法的提出乃是參考尤煌傑對於士林哲學的美學理論建構中，所提出研究美學的方法法之一。參照尤煌傑：《美學基本原理──士林哲學的美學理論建構》，第一章，頁24～27。

第一章、緒論

本書第一章為緒論，說明本書研究陳暘《樂書》音樂哲學之背景、動機與目的，研究之範圍與對象、研究之方法與架構、文獻探討與前人研究之回顧。

第二章、陳暘生平及其《樂書》

本章分為：中國雅樂概述與陳暘生平及其著作兩部分，為進入本書研究之前識。第一節為中國雅樂概述，作者以《禮記・樂記》、《呂氏春秋》、《尚書》、《國語》、《詩經》、《周禮》、《論語》、《孟子》、《荀子・樂論》、《淮南子》、《史記》等史料，使用歷史研究法及文獻研究法，以中國雅樂發展變化之脈絡為主軸，對北宋雅樂發展及其所遭遇到的困境之背景具有基礎認知。第二節為：陳暘生平及其著作兩部分，首先作者以《宋史》、《宋元學案》、《宋會要輯稿》與陳氏族譜等史書，並採用鄭長鈴之研究成果，加以於 2020 年實地田野調研考察，盡所能重現陳暘的生平、性格及處事為人，並將陳暘所處的時空背景加以交代與說明，北宋時期的政治、文化背景、藝術風氣與音樂思想也對於陳暘《樂書》之音樂哲學具有相當的影響，必先了解其時代背景與其思想脈絡，盡可能減少與避免對其個人本身及其思想的誤解；而其著作《樂書》，作者使用文獻研究法與詮釋法，將其寫作動機、目的、架構、及其方法作一研究考察；本章乃是進入陳暘《樂書》音樂哲學研究之前識與基礎。

第三章、音樂之形上學向度（音樂本根論）

第三章為陳暘《樂書》音樂哲學的音樂形上學（音樂本根論）之探悉：作者擬使用文獻研究法、基源問題研究法、詮釋法與質問法，針對陳暘《樂書》中分別探討儒家音樂理論之內涵及其音樂理論，以及陳暘《樂書》對於儒家音樂的詮釋觀點；本章作者區分為「音樂的起源問題」與「音樂的根源問題」。

第一節中探討音樂的起源問題，探討的主題乃音樂發生在人類身上的最早起源，即音樂的文化意涵的開端，這是音樂在形而下的世界中，和人類具有直接相關的、最為自然的發展。儒家《禮記・樂記》傳統的觀念中，音樂的起源來自於「人心」，人心與外物接觸時而有「聲」，聲雜比而為「音」，再加以搭配「舞」而為內容豐富的「樂」，此為音樂的起源問題之推導；而陳暘認為，「人心」作為形下世界音樂的起始點，卻並非是音樂的終極原因

與原理，亦可繼續往形上溯源，逐步推論至「命」與「天」，乃止於終極原因與原理之「道」；由是，形上與形下的音樂並非斷裂的，而是貫串形上與形下及落實體與用的兩個向度。

既音樂可往形上溯源尋根，由「人心」逐步推論至「命」與「天」，乃止於終極原因與原理之「道」，由是，形上與形下的音樂並無斷裂，而是貫串形上與形下及落實體與用的兩個面向。音樂的根源問題即形上學問題，陳暘《樂書》中指出音樂根源問題的命題：「樂由天作、禮以地制」，將音樂之根源直指「道」的概念；在大化流行，亦指出「氣」與「陰陽」的運作；而後論及陰陽與五行作為一種基本元素與局面的象徵，且如何承載形上一連串的概念而落實至形下世界，並成為形下世界的圭臬，成為人類音樂效仿、學習及類比的內容，以其運作的規則如何建構起音樂的理論與基礎。

第四章、音樂之藝術哲學向度

作者於第四章探討陳暘《樂書》中所提出的藝術哲學之理論，主要有兩個部份：第一部份為音樂學以及樂理理論的問題——「辨四清、明二變」，說明及探悉「四清」與「二變」音樂學與樂理基礎的問題，並且將其樂律的基礎問題作一處理；第二部份則是關乎音樂的鑑賞及批判理論，亦涉及中國文化之論題——「雅胡俗之論辨」，作者從文化角度探討，儒家對於鑑賞、評判與其批判的標準，即為此章節主旨。作者擬以歷史研究法、文獻研究法、基源問題研究法與詮釋法研究之，並提出其觀點的批判和侷限問題。

第五章、音樂之價值學向度

1. 音樂之倫理學向度

音樂之價值學向度包含「倫理」與「美」之研究，陳暘論其目的與作用言：「律之為用，窮天地之聲，盡天地之數，播之於樂，動天地、感鬼神、動人心、變風俗。」在人和自然的對話——「動天地、感鬼神」，以及在人我之間、人和社會之間的對話——「動人心、變風俗」之前，必有人和自我的對話——「誠」，即以「樂」進德修身先全「性」，方能「動天地、感鬼神、動人心、變風俗」。據此，本章分為兩部份，第一部份為音樂之倫理學向度，包含音樂道德修養論、音樂政治教育論與音樂宗教論：音樂的道德修養論，提出陳暘所主的「誠」概念，指出以「誠」作為起始，進而「得仁義」而有「德」，「仁」的本質為「愛」、「義」的本質為「敬」，「仁義」為「禮樂」之體、之

本，「禮樂」為「仁義」之用、之華。

音樂宗教論與音樂政治教育論，奠基於陳暘所提出的音樂道德修養論：「誠」與「仁義」觀念，將「仁以愛為本，愛以孝為本」，此由親而疏地推己及人，先從「孝」出發，並且由其所衍生為「祭」；音樂作為祭祀天地、山川鬼神以及悼念宗廟祖先的一種媒介和工具，以對未知的敬畏引導行為，予以人民精神與外在行為的約束與規範，必須是順天而行。「義」以「敬」為本，「敬」以「悌」為本，即兄友弟恭，其來源亦是「以愛為本」的「仁」。以「仁義」推己及人的過程，即由人之道德修養的自愛，至愛親的「孝悌」，至飲水思源的「祭」，再更進一步推至他愛，乃至大愛；最終到達一個「仁覆天下」的理想境界。

2. 音樂之美學向度

承上，第二部分為音樂之美學向度，指出「中和為美」、「美善同一」與「藝德一致」的三個核心命題。「中和」不僅僅是美學課題，在儒家價值觀的前提之下，亦是倫理學的命題，更會通其價值哲學，最終乃至形上學的終極目標。「中和」能由境界的提升而超昇與超越，達到「天人合一」的至高目標。「中和」的核心價值觀念，可謂貫串陳暘《樂書》整體音樂哲學。於此部份中探討陳暘基本美學之命題──「中和為美」，何為「中」？何為「和」？何為「中和」？「中和」又何為「美」？「美」和「善」之間的關係為何？為何「美善同一」？「藝」和「德」之間的關係為何？為何「藝」與「德」需一致？等等問題，且「中和為美」此命題作為一評判音樂的表準，如何有其標準，及此表準之標準為何？諸多問題皆為有待討論與釐清的目標。

音樂為儒家而言，不僅是個人修養的身心和諧、家庭親友之間的關係和睦、政治教育以達社會和諧的方法手段，基本上需貫徹推己及人的精神才能達其美意；音樂教化乃預設了人心向善、人文教養的美善涵義，更預設了人類愛好「和諧」的一種天性。「藝德一致」則重在於「藝」和「德」的根源為同一的，審美與創作是必需和道德境界相容不悖，即「藝」與「德」之間的相互相輔關係；「藝」不礙「德」，「德」以「藝」輔。於最後提出陳暘對於最高境界論之命題：「天人合一」的境界。

第六章、結論

最後，作者針對陳暘《樂書》音樂哲學中，亦是傳統儒家一直以來的最

大難題：音樂為了政治而非政權，使藝術理論進行妥協，與長久之往儒家「華夷之辨」的階級文化觀影響了中國的音樂內容及發展。後人雖以迂腐復古思想批判之，然不見提出建設性之改革方案或解決之法；不同的文化或音樂之間是否可同時包容接納卻又有階級優劣高低之分？陳暘《樂書》究竟提供了怎麼樣的答案？作者擬綜合本書前五章之研究，重構起陳暘《樂書》音樂哲學之架構，並提出陳暘《樂書》音樂哲學中之幾個侷限與批判觀點，以及對其之反省檢討，最後予以總結。

第二章　陳暘生平及其著作

　　本章分為：「中國雅樂概述（上古至北宋徽宗）」與「陳暘生平及其著作《樂書》」兩部分，為進入本書研究之前識。第一節為「中國雅樂概述（上古至北宋徽宗）」，作者以《禮記・樂記》、《呂氏春秋》、《尚書》、《國語》、《詩經》、《周禮》、《論語》、《孟子》、《荀子・樂論》、《淮南子》、《史記》等史料文獻，使用歷史研究法及文獻研究法，以中國雅樂發展變化之脈絡為主軸，根據其脈絡而能對北宋雅樂及其所遭遇到的困境之背景具有基礎認知。

　　第二節為「陳暘生平及其著作《樂書》」，其中又分為：「陳暘生平」及其《樂書》兩部分；首先作者以《宋史》、《宋元學案》、《宋會要輯稿》與陳氏族譜等史書，使用歷史研究法及文獻研究法，並採用黃培熙、鄭長鈴兩位學者之研究成果，再將 2020 年作者實地田野調研的考察，重現陳暘的生平與性格，並將陳暘所處的時空背景加以交代與說明，以及北宋時期的政治、文化背景、藝術風氣與音樂思想也對於陳暘《樂書》之音樂哲學具有相當的影響，必先了解其時代背景與其思想，盡可能減少與避免對其個人及其思想的誤解。而其著作《樂書》部分，作者使用文獻研究法、詮釋法與質問法，將其寫作動機、目的、及其方法作探討，而後進入《樂書》一書之結構分析。本章乃是進入「陳暘《樂書》音樂哲學研究」之前識基石。

第一節　中國雅樂概述（上古至北宋徽宗）

　　對於音樂起源的解釋，各有說法。有一說是由模仿自然的山林溪谷[註1]

〔註 1〕按《呂氏春秋・仲夏紀・古樂》：「帝堯立，乃命質為樂。質乃效山林溪谷之音
　　　　以歌。」

或鳥鳴所來而制定音高〔註2〕，將原因起源歸於「自然」，因此在傳統文化中，「音樂」和「風」一概念有相當大的關連；另外，亦有歸於統治階層聖人之作〔註3〕或由祭祀與巫術〔註4〕而來。無論何種說法皆是為了解釋音樂由自然而「人文」的此一過程。音樂在古代和「詩」與「舞」是不可分的，為一門綜合的藝術，而這樣的藝術所扮演的角色在於抒發情感，《禮記・樂記》：「情動於中，故形於聲。」遠古先民自辨「音」始，進而組成「歌」，強烈的情緒便自然手舞足蹈輔之。這些情感包含的意涵，如人類對自然及天地鬼神的敬畏、對先祖的緬懷情感、有聖人作樂以昭其功、教化人民的王權意識等等。

　　音樂作為一門將自身情感與處境的展示與反映的藝術。作者根據《呂氏春秋・仲夏紀・古樂》、《周禮・大司樂》、《樂緯》與《禮記・樂記》等書所載，上古之樂列表如下：

時　代		樂　名	作者	大　意
黃帝		雲門大卷（咸池）	伶倫	咸，皆也，池之言，施也，言德之無不施。
五帝	少昊	大淵	不詳	不詳。
	顓頊	五莖（承雲）	飛龍	言和律呂以調陰陽。
	帝嚳	六英	咸黑	言調和五音以養萬物。
	唐堯	大咸（咸池）	質	言堯德章明。
	虞舜	大韶（大磬）	瞽叟	韶之言，紹也，言舜能繼紹堯之德。
三王	夏禹	大夏	皋陶	言禹能大堯之德。
	商湯	大濩	伊尹	言湯承堯之道，能護民之急。
	周武	大武（勺）	周公	言武王伐紂，為民除害之能成武功。

　　上述對於上古之樂有許多相關記載，除少昊時不明外，典籍中俱有書明聖人均有指定專人作樂之舉，至舜時，以音樂教化人民的功能更為突顯；然文獻太古，無法確定其真實性究竟為何。僅能得知於此時，音樂在由自然而人文此一過程的濫觴，特別提出「教化」之效，《尚書・虞書・舜典》載：

　　　　帝曰：「夔，命汝典樂，教冑子。直而溫，寬而栗，剛而無虐，簡而
　　　　無傲。詩言志，歌永言，聲依永，律和聲。八音克諧，無相奪倫，

〔註2〕按《呂氏春秋・仲夏紀・古樂》：「黃帝令伶倫作為律。……。聽鳳凰之鳴，以製十二律。」
〔註3〕按《禮記・樂記》：「王者功成作樂。」
〔註4〕王國維《宋元戲曲考》：「歌舞之興，其起於古之巫術乎？」

神人以和。」夔曰:「於!予擊石拊石,百獸率舞。」

《尚書‧虞書‧益稷》亦有記:

> 夔曰:「戛擊鳴球、搏拊、琴、瑟、以詠。」祖考來格,虞賓在位,
> 群后德讓。下管鼗鼓,合止柷敔,笙鏞以閒。鳥獸蹌蹌;《簫韶》九
> 成,鳳凰來儀。夔曰:「於!予擊石拊石,百獸率舞,庶尹允諧。」

在這兩段文獻裡,夔與音樂的關係,是其受命以音樂教育人民,以「擊石拊
石」的原始音樂,創造了「百獸率舞」的原始舞蹈,很顯著地賦予音樂一種
教化的功能。「音樂」從前述的「藝術」中被單獨提出,除了具備祭祀與情感
抒發的功能之外,更使其具有教化人民(教育)的功能。

　　殷人信尚鬼神,而周人則尊神而遠之,加上「殷鑒不遠」〔註5〕的歷史教
訓,遂使周代奉行嚴謹的禮樂制度。雅樂就是在這樣的背景下形成的,並以
上述的上古之樂作為雅樂之內容。由此,周代建立了中國第一個宮廷雅樂體
系;雅樂即中國古代祭祀天地、祖先、神靈以及祝禱風調、雨順、豐收等典
禮時所演奏的藝術形式,它體現在當時的宮廷郊社、廟宇宗堂或政治軍事等
各方面,最為周代統治者所推崇,並被後來的儒家奉為典範的「六代之樂」;
周代設亦「大司樂」職司音樂之事,囊括了音樂行政、音樂教育、音樂表演
三者,《周禮‧大司樂》所載:

> 掌成均之法,以治建國之學政,而合國之子弟焉。凡有道者、有德
> 者,使教焉;死則以為樂祖,祭於瞽宗。以樂德教國子:中和、祇
> 庸、孝友。以樂語教國子:興道、諷誦、言語。以樂舞教國子舞《雲
> 門》、《大卷》、《大咸》、《大韶》、《大夏》、《大濩》、《大武》……。
> 乃分樂而序之,以祭,以享,以祀。乃奏黃鐘,歌大呂,舞《雲門》,
> 以祀天神。乃奏大蔟,歌應鐘,舞《咸池》,以祭地示。乃奏姑洗,
> 歌南呂,舞《大韶》,以祀四望。乃奏蕤賓,歌函鐘,舞《大夏》,
> 以祭山川。乃奏夷則,歌小呂,舞《大濩》,以享先妣。乃奏無射,
> 歌夾鐘,舞《大武》,以享先祖。凡六樂者,文之以五聲,播之以八
> 音。

由此可知,周代關於「禮」之進行,莫不有「樂」,郊廟祭祀、朝會宴饗、軍
旅征伐無不用樂。周文王制禮作樂,周文化可說是「禮樂文化」,「禮樂」囊

〔註 5〕按《詩經‧大雅‧蕩》:「文王曰咨、咨女殷商。人亦有言、顛沛之揭。枝葉未
　　　　有害、本實先撥。殷鑒不遠、在夏后之世。」

括周文化的整個層面；「禮」作為其基礎，貫徹政治、社會、經濟、軍事、宗教祭祀、人際關係等層面，不僅以「樂」作為「禮」的表現方式，也是維護宗法封建制度的一種方式。自周代施行禮樂制度以來，此一帶有階級的「禮樂制度」，事實上是統治階級為了鞏固王權意識及其統治地位而設定的，因此周代可說是雅樂的極盛時代，在文獻資料中業已有八音〔註6〕、五聲音階〔註7〕與十二律〔註8〕之觀念。

　　至幽王死於驪山，平王繼位遷都至洛邑，史稱「東周」；雖仍保持周王之號，此時期群雄割據、王命不行，國勢日弱、制度日毀、內憂外患，自此進入春秋戰國時期的動亂。因諸侯自立，隨著階級制度被打破，造成各地區和各民族之間音樂文化的融合，反映著禮樂制度的崩壞，但也因春秋戰國間的動盪，造就音樂文化全面性的相交流通。根據《禮記‧明堂位》與《白虎通‧禮樂》中所提當時之「夷樂」，列表如下：

名　稱	官名	樂　名	主　旨	裝備	服　飾
東夷（九夷）	寄	離（昧）	持矛舞，助時生也。	持矛	披髮文身
南夷（八蠻）	象	（南任）	持羽舞，助時養也。	歌	雕鞮交趾
西夷（六戎）	狄鞮	禁（朱離）	持戟舞，助時煞也。	持戚	披髮衣皮
北夷（五狄）	譯	昧（禁）	持干舞，助時藏也。	擊金	衣羽毛

〔註6〕《周禮‧春官》：「掌六律、六同，以合陰陽之聲。陽聲：黃鐘、大蔟、姑洗、蕤賓、夷則、無射。陰聲：大呂、應鐘、南呂、函鐘、小呂、夾鐘。皆文之以五聲：宮、商、角、徵、羽。皆播之以八音：金、石、土、革、絲、木、匏、竹。教六詩，曰風，曰賦，曰比，曰興，曰雅，曰頌；以六德為之本，以六律為之音。」

〔註7〕《國語‧周語下》：「以夷則之上宮畢，當辰。辰在戌上，故長夷則之上宮，名之曰羽，所以藩屏民則也。王以黃鍾之下宮，布戎于牧之野，故謂之厲，所以厲六師也。以太蔟之下宮，布令于商，昭顯文德，底紂之多罪，故謂之宣，所以宣三王之德也。反及嬴內，以無射之上宮，布憲施舍于百姓，故謂之嬴亂，所以優柔容民也。」

〔註8〕《國語‧周語下》：「律所以立均出度也。古之神瞽考中聲而量之以制，度律均鍾，百官軌儀，紀之以三，平之以六，成于十二，天之道也。夫六，中之色也，故名之曰黃鍾，所以宣養六氣、九德也。由是第之：二曰太蔟，所以金奏贊陽出滯也。三曰姑洗，所以修潔百物，考神納賓也。四曰蕤賓，所以安靖神人，獻酬交酢也。五曰夷則，所以詠歌九則，平民無貳也。六曰無射，所以宣布哲人之令德，示民軌儀也。為之六間，以揚沈伏，而黜散越也。元間大呂，助宣物也。二間夾鍾，出四隙之細也。三間仲呂，宣中氣也。四間林鍾，和展百事，俾莫不任肅純恪也。五間南呂，贊陽秀也。六間應鍾，均利器用，俾應復也。」

　　於此，時代的變更促進了諸子百家對於「音樂」進行反省：「音樂」不僅作為天與人之間感應的媒介之一，更對於歷史中的「音樂」進行古往今來之縱向思考，並且也開始在音樂的概念上意識到「自身」和「他者」不同的橫向思考，並且能分辨出「雅樂」、「夷樂」（「胡樂」）和「俗樂」（稱之為「散樂」）的差異，並給予不同之評價與更深的思考。

　　孔子生於春秋時期，是諸侯割據的亂世，孔子承《尚書》樂教之用，企圖復興周代的政治與禮樂文化，因此禮樂文化乃由儒家所繼承，儒家可說是雅樂擁護者。從《論語》中吾人能窺見孔子對「樂」之態度，文曰：

　　　　子曰：「人而不仁，如禮何？人而不仁，如樂何？」（《論語‧八佾》）

　　　　子曰：「興於詩，立於禮。成於樂。」（《論語‧泰伯》）

　　　　子曰：「禮云禮云，玉帛云乎哉？樂云樂云，鐘鼓云乎哉？」（《論語‧陽貨》）

孔子的哲學思想以「仁」作為其出發點，以「禮」作為「仁」的形式與表現，「樂」乃是附屬於「禮」；「禮」規範人的外在行為，而「樂」是人追求道德與自我修養的方法，使道德不僅是「禮」的外在規範，而是發出人內在之情，培養道德之情操，因此好的音樂使其「不知肉味」〔註9〕。但是春秋戰國時期，以「鄭衛之音」為首的俗樂新起，風靡一時，對雅樂造成極大衝擊，俗樂華麗多變、奢華複雜，因此自孔子開始，俗樂成為孔子與其後儒家所極力反對之音樂，對於俗樂的內容與形式一併否定，大聲疾呼曰：「放鄭聲，遠佞人。鄭聲淫，佞人殆。」（《論語‧衛靈公》）「惡紫之奪朱也，惡鄭聲之亂雅樂也，惡利口之覆邦家者。」（《論語‧陽貨》）荀子亦說：「鄭衛之音，使人之心淫，……。故君子耳不聽淫聲。」（《荀子‧樂論》）

　　鄭、宋、衛、齊四國的音樂是淫聲，難登大雅之堂，「淫色害德」，因此對於祭祀則不宜使用，在此將鄭、宋、衛、齊之樂視為一種俗樂的代名詞與審美的音樂觀。孟子對於音樂的論述並不多，但由「見其禮而知其政，聞其樂而知其德。」（《孟子‧公孫丑上》）能得知，孟子的禮樂思想是從孔子那裡一脈相承的；孟子說：

　　　　仁之實，事親是也。義之實，從兄是也。智之實，知斯二者弗去是也。禮之實，節文斯二者是也。樂之實，樂斯二者，樂則生矣。（《孟

〔註9〕按《論語‧述而》：「子在齊聞韶，三月不知肉味。曰：『不圖為樂之至於斯也！』」

子·離婁上》）

孟子重「禮」，將「禮」與仁、義、智並列，作為人之四端，藉以顯示人性之善，並進一步指出「禮」的實質就是節制或文飾仁、義二德，而「樂」（ㄩㄝˋ）的實質就是樂（ㄌㄜˋ）於從事仁、義二德，從中產生快樂。表明「智」、「禮」、「樂」（ㄩㄝˋ）的實質內涵都是環繞仁、義二德而來。而荀子則大力主張「禮樂」，是中國第一位將禮與樂系統化的哲學家，是集周文化與儒家的禮樂制度、思想之大成，除了〈禮論〉與〈樂論〉兩篇專論外，其餘諸篇也大量論及禮樂問題，他的禮樂理論，對於以後成為儒家文化基本經典之一的《禮記·樂記》〔註 10〕一書有極大的影響。《禮記·樂記》中的禮樂理論，可以說是以荀子之禮樂為基礎，同時融會了孔門後學儒家各派的禮樂觀點彙集而成的。奠定在「禮」之別異的基礎上，音樂的本質是「和」，其基礎在於「同」，其言：

> 樂也者，和之不可變者也；禮也者，理之不可易者也。樂合同，禮別異，禮樂之統，管乎人心矣。窮本極變，樂之情也；著誠去偽，禮之經也。（《荀子·樂論》）

荀子認為，音樂是必然的文化現象，起源於人心情感的表達，他說：「樂者，樂也，人情之所必不免也。故人不能無樂，樂則必發於聲音，形於動靜。」（《荀子·樂論》）他更強調禮樂並行，是個人修養的最佳方式，荀子曰：

> 故樂行而志清，禮脩而行成，耳目聰明，血氣和平，移風易俗，天下皆寧，美善相樂。故曰：樂者，樂也。君子樂得其道，小人樂得其欲；以道制欲，則樂而不亂；以欲忘道，則惑而不樂。故樂者，所以道樂也，金石絲竹，所以道德也；樂行而民鄉方矣。（《荀子·樂論》）

禮樂為本，以「樂」輔「禮」，由陶冶心志、培養道德情操，是作為「禮」的內化工夫，因此荀子認為音樂「審一定和」、「以道制欲」，其作用能「善民心」、「移風俗」，其言：

> 夫聲樂之入人也深，其化人也速，故先王謹為之文。樂中平則民和

〔註 10〕《禮記·樂記》共十一篇：〈樂本〉、〈樂論〉、〈樂禮〉、〈樂施〉、〈樂言〉、〈樂情〉、〈樂象〉、〈魏文侯〉、〈賓牟賈〉、〈樂話〉、〈師乙〉等篇，共五千一百八十八字，其中七百多字與《荀子·樂論》相同，而何故致此？作者為何人？成書年份等問題，目前尚有許多爭議與不同見解，因此於本文中皆不探討《禮記·樂記》與《荀子·樂論》之關係。

而不流，樂肅莊則民齊而不亂。民和齊則兵勁城固，敵國不敢嬰
也。……。樂者，聖王之所樂也，而可以善民心，其感人深，其移
風易俗。故先王導之以禮樂，而民和睦。(《荀子‧樂論》)

因此音樂能使得社會安寧與平靜，相對地若是禮崩樂壞，則「和」之音樂便
不復存，淫聲邪音遂起，故荀子亦反對「淫樂」、「俗樂」，因為這樣不好的音
樂會影響人民的情感與意志，使得人民容易產生爭執與紛亂，造成社會動盪
不安，因此說：

故禮樂廢而邪音起者，危削侮辱之本也。故先王貴禮樂而賤邪
音。……。齊衰之服，哭泣之聲，使人之心悲。帶甲嬰冑，歌於行
伍，使人之心傷；姚冶之容，鄭衛之音，使人之心淫；紳、端、章
甫，舞韶歌武，使人之心莊。故君子耳不聽淫聲，目不視邪色，口
不出惡言，此三者，君子慎之。(《荀子‧樂論》)

荀子認為，應以聖王所作之樂為音樂的標準，「先王惡其亂也，故修其行，正
其樂，而天下順焉。」(《荀子‧樂論》)雅樂才是與「禮」相輔相成的，而淫
樂邪音則是會傷害人的情感，左右人的意志，使人「心悲」、「心傷」、「心淫」，
故荀子說「耳不聽淫聲、目不視邪色、口不出惡言」。儒家基本上承續西周以
來的傳統，並且加以擁護與開展。

　　而雅樂經五百一十五年的春秋戰國傳至秦代，歷經戰火動盪，本已殘缺
不全，《通典》載：

秦始皇平天下，六代廟樂，惟「韶」「武」存焉。

始皇帝築長城、建宮房，消耗國力、窮奢極欲，又焚書坑儒，雅樂的文獻、
內容與制度殘缺不全，而俗樂日盛。至二世胡亥時，音樂淪於皇帝玩樂消遣
之工具，《史記》載：

二世（胡亥）尤以鄭衛之音為娛。李斯諫曰〔註11〕，放棄詩書，極
意聲色，祖伊所以懼也。輕積細過，恣心長夜，紂所以亡也。

〔註11〕李斯《諫逐客書》：「必秦國之所生然後可，則是夜光之璧，不飾朝廷；犀象
　　　　之器，不為玩好；鄭衛之女，不充後官；而駿馬駃騠，不實外廄；江南金錫
　　　　不為用；西蜀丹青不為采。所以飾後官，充下陳，娛心意，說耳目者，必出
　　　　於秦然後可，則是宛珠之簪，傅璣之珥，阿縞之衣，錦繡之飾，不進於前；
　　　　而隨俗雅化，佳冶窈窕，趙女不立於側也。夫擊甕叩缶，彈箏搏髀，而歌呼
　　　　嗚嗚快耳者，真秦之聲也；鄭衛桑間，韶虞武象者，異國之樂也。今棄擊甕
　　　　而就鄭衛，退彈箏而取韶虞，若是者何也？快意當前，適觀而已矣。」

所幸《呂氏春秋》保留了關於許多古時的音樂資料，準確性雖已難徵之，且是龐雜之作，但已是彌足珍貴的研究文獻。其《仲夏紀》中有《大樂》、《侈樂》、《適音》、《古樂》四篇，顯然在此已有對音樂的分辨和評價；《仲夏紀》中有《音律》與《音初》等關於樂理部分和音樂本質根源性的探討。《呂氏春秋》談論音樂時，不難發現儒道兼綜的清晰痕跡，且在其中已有融合和對立，並已參雜候氣與陰陽五行之思想。

雖然漢代時黃老之術廣為流行，而高祖劉邦有意重整樂教，意恢復古樂，使雅樂恢復原有的地位與功能，《史記》載：

> 「漢興，樂家有制氏，以雅樂聲律，世世在大樂官。但能紀其鏗鏘鼓舞，而不能言其義。」又云：「高祖時，叔孫通因秦樂人，制宗廟舞。」

但春秋戰國時期的階級崩潰，民間音樂發展和民族音樂交流已成不可抗拒之勢，並且已影響至宮廷，漢高祖好「楚聲」，正所謂「上有好者，下必甚焉」，宮廷與民間便開始競相尚習，《史記》載：

> 房中詞樂，高祖唐山夫人所作也。高祖樂楚聲，故房中樂楚聲也。

至漢武帝時，河間獻王德來朝，獻所集之禮樂，武帝設立「樂府」，除了復興雅樂外，更命李延年收集整理各地歌謠，命司馬相如等人編為樂章；因此「樂府」的內容是囊括了雅樂、民間歌謠、軍樂和張騫通西域所帶回的音樂，主要分為：「郊祀樂」、「房中樂」和「鼓吹樂」三種。而此時雅樂的發展，本已儒道雜揉，且參雜了候氣與陰陽五行思想〔註12〕，更加入民間音樂和西域音樂。後漢明帝因喜愛胡樂而更其併入雅樂之中。其雖說是雅樂，但實質上已然更變，其精神之式微和形式之僵化已不言可喻了。

音樂是為儒家的禮法與政治服務，為社會中的儒家意識型態服務，未有「為藝術而藝術」這般較純粹的人文涵養。而至魏晉時期，正是因為社會動盪混亂，現實上受到苦痛，所以更加追求精神上的解脫，賦予精神至高、崇高的境界，全部寄託在藝術上；竹林七賢會通儒道思想〔註13〕，意圖用「玄學」的方式來解放精神的困境，將他們的痛苦以狂放不羈的行為釋放出來，以示對司馬氏統治的不滿情緒。知識份子們不僅關心社會，亦注重自身的修

〔註12〕 參見《淮南子》。京房之六十律，正是由陰陽五行推算而來。
〔註13〕 如阮籍儒道兼綜、道體儒用之音樂著作《樂論》，嵇康崇自然反名教之著作《聲無哀樂論》皆可為魏晉時期之代表性音樂論著。

養與品德，因此音樂不再單純地是政教的工具，也是修身養性、抒發情感的
媒介，因此音樂的藝術性就與政治性便開始分開來了。〔註14〕魏武帝時，以
杜夔所制之律呂頒天下，《通典》載：

> 魏武帝平荊後，獲杜夔，嘗為漢雅樂郎，尤悉樂事，於是使創定雅
> 樂，……，遠考經籍，近采故事，考會古樂，使設軒懸鐘磬。復先
> 代古樂，自夔始也。

晉武帝泰始九年，荀勗以杜夔所作之律，校太樂總章，頒之。至晉懷帝永嘉
之亂，偏安江南，君臣好「吳歌」雜曲，雅樂在「商女不知亡國恨，隔江猶
唱後庭花」的時代動亂與遷移下、治豔俗樂風氣的盛行下，不復得見。於是
南朝梁武帝「素喜鐘律，遂自定樂」，命沈約考定樂制、廣納雅俗，加以其崇
佛，更加入了佛教音樂。南齊自訂郊廟雅樂，北魏宣武帝元恪時，劉芳以胡
入雅。樂律之爭更在此時激烈開展，錢樂之按京房六十律更加以推算至三百
六十律，顯然為了政治與純粹理論，犧牲了實踐可能；何承天亦提出對於以
陰陽五行推算樂律的反對。綜觀此時的雅樂，已欲振無力，並且在本質上已
然改變。此時期可說是雅樂萎靡，而胡俗之樂紛雜並茂時期。

　　至隋唐時期，雅樂衰微，空有形式，而燕樂、民間說唱音樂、佛教變文
（佛教故事的傳教說唱）等多元的音樂形式則蓬勃發展。「燕樂」又稱為「宴
樂」或「讌樂」，是泛指在宮廷宴會中所用的音樂。「燕樂」因採俗樂與胡樂
化融合而成，以致風格多元；隋代有《七部樂》（清商樂、文康伎、西涼伎、
高麗伎、天竺伎、安國伎和龜茲伎）和《九部樂》（清樂（原清商伎）、禮畢
樂（原文康伎）、西涼樂（原國伎）、高麗樂、扶南樂（原天竺伎）、安國樂、
龜茲伎、康國樂和疏勒樂）。隋文帝開皇九年：

> 平陳後，始獲江左舊工及四懸樂器。帝令廷奏之，歎曰：「此華夏正
> 聲也！」……可以此為本，微更損益，去其哀怨，考而補之。

隋用北周之遺，制訂雅樂。至煬帝時則更將樂工與民間音樂併入雅樂之中，
據《隋書》云：

> 煬帝大製豔篇，辭極淫綺。……，掩抑摧藏，哀音斷續，帝樂之無
> 已。

唐高祖使祖孝孫、張文收考正雅樂，參照古音作大唐雅樂。而另一方面，唐

〔註14〕參見拙著：《阮籍音樂哲學之研究——道體儒用的音樂哲學》，臺北：花木蘭
　　　　出版社，中國學術思想研究輯刊，第 18 編第 10 冊，2014 年 3 月。頁 1～2。

代興盛的詩樂，得益於音樂機構，主要以雅樂為主的稱之為「太樂署」、專門管理音樂藝人的「教坊」、專門管理儀仗鼓吹音樂的軍樂「鼓吹署」、專門學習《法曲》（佛教音樂）的「梨園」和培育舞蹈人材的「教坊」。雅樂在此時期，雖有專司的「太樂署」，但每經改朝換代，雅樂就必須重制，其本身已背負著每個朝代的想像與主觀，形式與內容都趨於返古，且不由自主地迎合統治者的喜好；如太宗作十二和樂、四十八曲，玄宗作十五和樂、三套樂舞。文宗雖好雅樂，詔太常卿馮定制，但卻也是融合雅胡俗之雅樂。

接著宋朝統一了晚唐紛亂的五代十國之後，民生的重整為音樂奠定了重要的根基。市鎮的貿易中心在宋元時期稱之為「瓦市」(或稱「瓦肆」、「瓦舍」、「瓦子」)；因此原來流散在各地的民間藝人，都聚集在「瓦市」中，以賣藝謀生。因此在「瓦市」中搭建了棚子作為演出的劇場，便稱之為「勾欄」(或稱「樂棚」)。因而「勾欄」使得說唱和戲曲音樂的發展更為蓬勃。宋代音樂在中國音樂史上很突出，尤其是「說唱音樂」。此時，民間音樂在宋代皇帝的喜好和提倡之下大放異彩，甚至成為宮廷音樂的一部分。此外，宋代興起了一種音樂與文學相結合的「藝術歌曲」，它就是以長短句為特徵的「宋詞」；它繼承了晚唐五代十國的詞曲傳統，而漸形成獨特的風格，風靡了整個社會。上至官僚文士，下至酒樓歌伎，無不視此填詞唱曲為風尚。

由於原來的「雅樂」本是皇家特權，偏重於形式復古、內容枯燥，雖然仁宗、神宗意欲重整雅樂，但在此以後，幾乎與民間音樂生活脫節，因而難以復之，更在樂律問題上爭辯不休，雅樂凡改定六次，旋改旋廢。第一次為宋太祖用後周王樸所作，但「帝為其聲高，近於哀思，不合中和」(《宋史·樂志》)，遂詔和峴作樂；第二次仁宗命李照重定雅樂，既成即廢，復用和峴樂。第三次仁宗深感樂器之音律未協、形制未合於古，因而詔令阮逸、胡瑗改制，阮、胡二人在皇祐五年（1053 年）將始末與新成樂器樣制輯錄於《皇祐新樂圖記》一書，稱之為「大安樂」，以此替代了李照之樂。第四次為神宗時，知禮院楊傑諫舊樂之失，列為七點：

> 一歌不詠言，聲不依詠，律不和聲；二八音不諧，缺四清聲；三金石奪倫、四樂不象成、五樂失節奏、六祭祀饗無分樂之序、七鄭聲亂雅。

於是又重定雅樂，但是范鎮又指為「聲雜鄭衛」，上其樂書，楊傑又批判之。直至徽宗崇寧元年（公元 1102 年），宰相蔡京、大司樂劉昺薦魏漢津，阮逸、

胡瑗之「大安樂」不用，魏漢津以徽宗之聲為律、身為度，以中指、無名指、小指合為律尺：

> 徽宗銳意製作，以文太平，於是蔡京主魏漢津之說，破先儒絫黍之非，用夏禹以聲為度之文，以帝指為律度，鑄帝鼎景鐘。樂成，賜名「大晟」。謂之雅樂，頒之天下，播之教坊。故崇寧以來有魏漢津樂。〔註15〕

早在皇祐年間，「漢津與房庶即同以善樂薦，不獲用，漢津至是九十餘，蔡京復薦之，乃得詔。漢津陳其指尺之說於太常，當時以為迂怪，獨蔡京神其說，用其指律理論而成『大晟』之樂。」但「漢津本范鎮之役，稍窺見其製做」「略取之」，「以范鎮知舊樂之高，無法以下之，乃以時君指節為尺」，「使眾人不敢輕議」，史亦評為：「其尺雖為詭說，其制乃與古同，而清濁高下皆適中，非出於法數之外私意妄為者也。」〔註16〕徽宗崇信道教、迷信方術，喜愛終日和方士相伴，因而按此說作樂。

　　雖「大晟樂」至欽宗靖康三年亡於金，但早在北宋初期建隆三年（962年），朝廷和高麗之間便有遣使朝貢的往來〔註17〕，但由於幾次伐遼戰爭的失利，高麗於宋太宗淳化五年（994年）開始便改向遼國朝貢；仁宗即位後幾乎和高麗沒有外交往來，直至女真崛起，北宋開始積極拉統高麗，雙邊關係在徽宗時期達到高峰。徽宗曾賜大量的禮器、樂器、曲譜、指訣給高麗，其中新成的大晟新樂更是重中之重，徽宗詔曰：

> 三代以還，禮廢樂毀，朕若稽古，述而明之，百年而興，乃作大晟。……。夫移風易俗，莫若於此，往祇厥命，御於邦國，雖疆殊壤絕，同底大和，不其美歟，今賜大晟雅樂。〔註18〕

由此詔作者能感受到徽宗趙佶些許的浪漫之情與巨大的分享歡樂之意。因此現今仍能在韓國的傳統文化中，窺見大晟樂獨立不曳的身影，許多在中國已不復得見的禮樂器、音樂制度和文化仍能覓見遺緒。〔註19〕

〔註15〕參見《宋史‧樂志》與《文獻通考》。

〔註16〕按《宋史‧樂志》卷四百六十二、《金史》卷三十九。

〔註17〕按《宋史》卷四百八十七。

〔註18〕鄭麟趾：《高麗史》卷七十，頁524

〔註19〕見 Keith L. Prat t, "Music as a Factor in Sung-Kory Diplomatic Relations 1069-1126,", pp. 199-218; Keith L. Pratt, "Sung Hui Tsung´s Musical Diplomacy and the Korean Response," Bulletin of the School of Oriental and African Studies 44, no. 3 (1981), pp. 509-521。

第二節 陳暘生平及其著作

一、陳暘生平

　　陳暘（1068～1128 年），字晉之〔註20〕，北宋福州奉政鄉宣政里漈上（今福建省閩清縣白樟鎮雲龍鄉際上村）人。關於陳暘的生卒年，對照史書與族譜皆為一致，卒於高宗建炎二年（1128 年）為共識，而對於生年有所歧異。據《梅阪陳氏族譜》〔註21〕載：「暘公生於宋神宗熙寧元年（1068 年）戊申四月十六日丑時，卒於高宗建炎二年（1128 年）戊申三月初一日，享壽六十一歲。」與《宋史》及《東都事略》中所記為六十八歲有所出入。陳諸安、鄭長鈴、黃培熙三位學者對陳暘生平考究已有多年成果，以族譜為主加以考據，主陳暘享年六十一歲。顧宏義於〈陳祥道、陳暘其人其書〉〔註22〕一文中說：「《宋史》與《東都事略》中稱其享年六十八歲，若按此推知陳暘生於仁宗皇祐元年 1049 年，較其兄祥道年少七歲。而閩清陳氏家族《梅坂陳氏族譜》載，陳暘生於神宗熙寧元年 1068 年，卒於高宗建炎二年 1128 年。」其以史書為據，不認同族譜所載其兄祥道和陳暘相差二十二歲，然最後指出陳暘生於仁宗皇祐元年（1049 年），卒於高宗建炎二年（1128 年）之結論；而如此陳暘便享壽八十歲了，亦非官方文獻所載之六十八歲。作者對照史書文獻，及在黃培熙、陳諸安與鄭長鈴三位學者的研究基礎上，以六十一歲為是。

　　「陳氏鼻祖，來自光州，卜居漈上，山川鬱繆」〔註23〕，按陳祥道《閩清漈上陳氏家譜首言》說道：

> 陳以伏羲為一世祖，傳三十三世至舜，五十四世至胡公滿，周武王妻以元女太姬，封之於陳，因以為姓。……。至梁太祖開平元年，以福州威武軍節度使王審知為閩王，上疏請封官吏，梁主遣六姓隨王，使渡江，吾祖千郎公與焉，……。其卜居漈上者，則千郎公第三子柄公也。柄生衲，衲生嚴，嚴生先考玩公。承旨贈朝議大夫，

〔註20〕陳暘本名「陳暘道」，按族譜七世全為「道」字輩，不知何故終以「陳暘」為名，省去「道」字，史書族譜皆無紀錄。《四庫全書總目》卷三十八載字「晉叔」誤。

〔註21〕閩清文史專家黃培熙、學者陳諸安與鄭長鈴三位，對陳暘生平事蹟研究考據已為詳盡且有共識，作者據三位前輩研究之成果資料，進行陳暘生平之述。

〔註22〕顧宏義：〈陳祥道、陳暘其人其書〉，閩清禮樂文化周暨紀念陳暘誕辰 950 周年論文集，2018 年 10 月。

〔註23〕參見宋・胡瑗：《陳氏肇遷總贊》。

一族雖未廣而門第高，人雖未伙而文獻盛。

據傳陳姓始祖為伏羲，第三十三世為帝舜，五十四世時為胡公滿。後代陳遷，字千郎，河南光州固始（今河南省信陽市）人，於後梁開平元年（907年）隨閩王王審知入閩，任閩王三司左丞，生七子。季子柄公遷閩清漈上生五子；柄公次子祅公亦生五子，祅公次子嚴公生三子，次子為玩公，即陳暘父親。自宋英宗至理宗約莫二百年的期間，陳暘家族人才代出；除長兄深道隨父支撐家計外，玩公其餘四子皆為進士，四進士孩輩又有三人中進士（孫輩中試者又有二人），故有「一門七進士，五子四登科」之美名。

陳暘家族譜簡表

《宋史·儒林傳》對陳暘的記載僅有二百二十八字，對於陳暘生平的事蹟敘述過於精簡且並不完備[註24]：

> 陳暘，字晉之，中紹聖制科，授順昌軍節度推官。徽宗初，進《迓衡集》以勸導紹述，得太學博士，秘書省正字。禮部侍郎趙挺之言，「暘所著《樂書》二十卷[註25]，貫穿明備，乞援其兄祥道進《禮

〔註24〕《宋史》卷四百三十二，列傳第一百九十一，儒林二。《宋元學案》第二十四，〈荊公新學略〉中對於陳暘的記載是參照《宋史》。

〔註25〕《樂書》實為二百卷，《宋史》與《東都事略》二十卷誤，《宋元學案》亦載二百卷，現今流存亦二百卷。

書》故事給札。」既上，遷太常丞，進駕部員外郎，為講議司參詳
禮樂官。魏漢津議樂，用京房二變四清。暘曰：「五聲十二律，樂之
正也；二變四清，樂之蠹也。二變以變宮為君，四清以黃鐘清為君。
事以時作，固可變也，而君不可變。太簇、大呂、夾鐘，或可分也，
而黃鐘不可分。豈古人所謂尊無二上之旨哉？」時論方右漢津，絀暘
議。進鴻臚、太常少卿、禮部侍郎，以顯謨閣待制提舉醴泉觀。嘗
坐事奪，已而復之。卒年六十八。

通過科舉考試是古代士子入仕的主要途徑。宋沿唐規，科舉有常科和制科兩
種：常科，又稱常舉、貢舉，一般三年舉辦一次。制科，又稱制舉，由皇帝
需要人才時下詔舉辦，考生身份並無太大限制，布衣和在職官員皆可參加，
但此考試競爭激烈、選拔嚴格，參加制科考試入選者，仕途升遷快速順利，
待遇也較常科優渥。兩宋三百多年期間，通過科舉考試者共四萬多人，制科
考試共四十九次，御試二十二次，中試四十一人，其中布衣登科僅七人，而
陳暘便是那七人之一。宋哲宗紹聖元年（1094 年），陳暘時 27 歲，以布衣身
份中第三等，賢良方正能言極諫制科登仕，授順昌軍節度推官，並予「堂除」
〔註26〕。據《宋會要輯稿‧選舉十一》：陳暘於宋哲宗紹聖元年（1094 年）九
月，策「賢良方正能直言極諫科」進士（因此亦有「陳賢良」之稱），依規定
布衣平民必須先參加進士鄉試及格，後詔省官舉薦賢良，成績優異前三名者〔註
27〕可參加「閣試」，合格後參加由宰相章淳主持之「殿試」，陳暘考取第三等
〔註28〕，「布衣舉賢良，即受以順昌軍節度使推官」。《閩清縣志》載：陳暘中
試後第二年還鄉，時閩清縣令立祝亞夫賢良坊並撰賢良坊題名記：

自漢唐以來，莫不以策賢良求將相，上而公卿相與論薦，下而郡國
得以考察，其延見召試，至有設帷幄，給筆牘。而禮數優渥，束帛
加璧，築館授金，未足多也。聖朝修廢墜典，高出上古。間典是科，

〔註26〕「堂除」為宋神宗元豐新政後所實行的新官制。「堂」為政事堂，為宰相辦公
之處，「除」指授予官職；意即宰相能按照官員的特殊功績或特別才能，不必
經過吏部核定，直接給予官員的一種獎勵，可謂是一種莫大的能力認可與頭
銜。

〔註27〕《宋會要輯稿‧選舉十一》載：「試制科張咸、吳儔、陳暘三人第三等推恩。」
張咸是劍南西川節度使推官、華州州學教授，吳儔是右通宜郎，三人中唯獨
陳暘乃地方官所舉薦的一介布衣。

〔註28〕關於陳暘科入幾等的問題，史書有兩種記載：《宋會要輯稿》列為第三等，《續
資治通鑑》列為第五等，作者以《宋會要輯稿》的第三等為是。

鬼獵鑲瑰。名公巨卿，相望而起。潁川陳晉之，一舉中格，再舉被
命，非自養有素，其應敵不如此之決。今夫寓物於人，他日而求，
或得或否。公奮聱揮臂而取其能，自必如此。因纂舊制記綠其名氏，
且以知斯邑知有人也。

眾所周知，北宋黨爭激烈，「元祐」、「紹聖」皆為年號，標誌著新舊法的輪替
與爭鬥。元豐八年（1085 年）三月宋神宗崩，年僅九歲的哲宗登基，改元「元
祐」，由高太皇太后垂簾聽政，高氏廢新法啟舊黨，待高氏薨哲宗親政，改年
號「紹聖」，全面恢復新法。「紹述」指哲宗支持並繼承神宗所實行之新法，
史上稱此次恢復新法為「紹聖紹述」。哲宗紹聖三年（1096 年），陳暘時二十
九歲，遷太學博士。四年以後哲宗崩，徽宗即位，為推崇神宗熙寧之政，便
於即位的第二年（1102 年）改元「崇寧」，以明己志。而陳暘「進《迓衡集》
勸導紹述」，因此遷宣德郎、祕書省正字。《宋會要輯稿・職官》六十八之六
載：「崇寧二年三月十六日，宣德郎、守尚書禮部員外郎陳暘降授承事郎，奉
議郎、守尚書禮部員外郎何昌言降授宣德郎，朝散大夫、試禮部尚書徐鐸罰
銅二十斤，以試有官宗子差誤故也。」因誤降職，又五之十四載：崇寧三年
八月七日，講議司札子稱「勘會講議司已罷」，「聖旨具官吏職位姓名，依例
推恩」。隔年陳暘不但復官，還升為奉議郎。據《宋史》載因進《樂書》（1101
年）遷太常丞，後再進駕部員外郎、講議司參詳禮樂官，《東都事略・陳暘傳》
稱其遷太常丞、禮部員外郎，後擢禮部侍郎，以顯謨閣待制提舉洞霄宮醴泉
觀。《文獻通考・郊社考》卷七十六載有：崇寧元年禮部上書黃裳上言：「北
郊大禮尚未論著，是為闕典，欲乞令太常寺丞陳暘考其名位，……。」

　　據《宋史》陳暘「坐事奪職」，可是並未言明是因何事奪職，據宋人陳均
《九朝編年備要》卷二十七中載，乃因陳暘上奏參駁魏漢津《樂議》之言，
而徽宗接受魏漢津之說，和陳暘想法不同，故將其遷為鴻臚少卿：

蜀人魏漢津者，年九十餘，獻《樂議》言：「人君代天理物，所稟必
與眾異，乃不用秦黍，而用帝指三節為三寸，三三為九，而黃鐘之
律成。請先鑄九鼎，次鑄帝坐大鐘，次鑄四韻清聲鐘，次鑄二十四
氣鐘，然後均調弦管，為一代之樂。」上從之。大樂房參詳陳暘曰：
「五聲十二律，樂之正也。二變四清，樂之蠹也。二變以變宮為君，
四清以黃鐘清為君，事以時作，固可變也，而君不可變。太簇大呂
夾鐘或可分也，而黃鐘不可分。豈古人所謂尊上無二之旨哉？」論

多不合，遂遷暘為鴻臚少卿。是冬十月崇寧三年，帝鼎成。

但此事發生在徽宗崇寧二、三年（1101～1102年）左右，當時和陳暘上進《樂書》的時間大約相隔一兩年；雖陳暘進獻《樂書》具有「勸戒」主張，明顯和徽宗及魏漢津的「鋪排享受」想法有極大落差，徽宗依舊按照魏漢津之言而行事，但陳暘終究還是因《樂書》而升官爵。按陳暘罷官的明確時間為政和二年（1112年），即便此事惹得聖怒，亦不至於過了十年才將其罷黜，此種說法存在許多不合理之處，所以應當不是因為徽宗與陳暘二人對於音樂之想法態度不同而將其免官。然其他史書並無相關記載，因而考族譜資料發現記載奪職一事之原因是「鹽鐵利忤旨」：

> 始祖十八公諱文華，乃中公之仲子。因祖父暘公坐言鹽鐵利，忤旨。
> 防不測，避地入尤，時宋徽宗政和三年（1113年）癸巳，遂卜居於
> 長安里二十都湯川取青坊奎兜。〔註29〕

> 我世祖暘公，字晉之，登宋哲宗紹聖元年甲戌賢良科進士，官至顯
> 謨閣待制。徽宗朝，以鹽鐵利忤旨，奪職。〔註30〕

> 宋政和二年（1112年），（陳暘）議鹽鐵利忤旨。〔註31〕

「鹽鐵利」乃徽宗崇寧至政和年間的稅賦政策，原先是由王安石所提出的財政新法，北宋國力財力原本雄厚，然「澶淵既盟，封禪事作，祥瑞沓臻，天書屢降，導迎奠安，一國君臣如病狂然」，政事廢弛，國力耗竭，財務也已到了入不敷出的形況。然至徽宗親政，黨爭激烈，蔡京為相，將財政新法推至極端，成了斂財的害民之法。大觀四年大臣毛注上奏言及鹽法之變，說道：

> 崇寧以來，鹽法頓易元豐舊制，不許諸略以官船回載為轉運司之利，
> 許人任便用鈔請鹽，船載於所指州縣販易，而出賣州縣用以為課額。
> 〔註32〕

後來大臣紛紛奏論蔡京之惡，論其鹽法使人「家財蕩盡，赴水自縊，客死異鄉。孤兒寡婦，號泣吁天者，不知其幾千萬人，聞者為之傷心，見者為之流涕。」〔註33〕至大觀末年、政和初年，蔡京一度被罷官，其鹽法暫被廢止，

〔註29〕明萬曆十五年，尤溪奎兜：《重修陳氏族譜》。
〔註30〕清乾隆五十四年（1789年），陳時燮：《重修奎峰陳氏族譜序》。
〔註31〕《千郎宗譜》載。
〔註32〕《宋史》卷一百八十二《食貨志·鹽》。
〔註33〕王明清：《揮麈後錄》卷三載《方軫論列蔡京疏》，見《四庫全書總目提要》。

然政和二年蔡京復職，變本加厲推行此法；由時間和事件看來，陳暘「言鹽鐵利忤旨」而被奪職罷官是極有可能的。陳暘言鹽鐵利之弊，正是明顯與徽宗、蔡京所主之苛稅政策相左，因此雖說陳暘在主張新法之列，但蔡京與陳暘對此意見不合也不無可能。閩清民間至今仍流傳著陳暘（陳賢良）與皇帝辯寶的故事。皇帝說金銀為寶，賢良卻說鹽、鐵、紙是寶，皇帝盛怒之下降旨問斬，後來證明賢良才為是，因此皇帝欽賜金頭御葬以示平反昭雪，並建三十六座墳（一說四十座）以免金頭被盜。作者實地探訪陳暘墓，普賢寺周邊便有四處疑冢。雖然故事和史實並不完全相符，後亦有穿鑿附會、加油添醋之舉，不過確也是為陳暘仗義直諫、心懷民生的形象做了一個美好註解。至今民間尚流傳另一個美麗傳說，是源於《閩清縣志・水利志》的故事：

> 賢良陂在二都，源出於起傅岩，流至漈頭嶺，約三里餘，為巨石所遏。邑人陳暘欲鑿而通之，石工已備，無所措手，暘乃具服拜禱。有頃，石岩自裂，其流遂通。人獲灌溉之利甚溥。以應賢良科，故名。

賢良陂確為陳暘被罷返鄉後所做疏通水利之舉，漈頭嶺一帶百畝良田經常因無水引灌而顆粒無收，陳暘帶領村民修渠引水，以及留有陳暘和村民一同建造之石橋，至今尚存並且十分堅固；然「拜石成渠」確是稍微神話了此事件，閩清當地百姓至今仍對這些傳說故事深信不疑，和將其當作神明般的敬仰中，得見陳暘的「賢良」形象確是歷久不衰。

雖《宋史》稱其：「已而復之」，尤溪奎兜《重修陳氏族譜》：「後祖父陳暘幸蒙天佑賢之心，得以回悟主意，復公原職。公即告老歸家。」《容齋隨筆》卷十五〈蔡京輕用官職〉中載：政和六年（1116 年）十月，宰相蔡京「除用士大夫，視官職如糞土，蓋欲以天爵市私恩」，故此時「不因赦令，侍從以上先緣左降，同日遷職者二十人」，其中列有右文殿修撰陳暘為顯謨閣待制，「至十一月冬祀畢，大赦天下，仍復推恩」。諸多記載皆能證實確有復官職一事，但並非如重修族譜所言告老還鄉，而是任右文殿修撰，後遷為顯謨閣待制提舉醴泉觀，《宋會要輯稿・儀制》十一之九載：政和七年正月，朝議大夫、顯謨閣待制陳暘贈通議大夫。此應為史書上最後關於陳暘官職上的記載，應為其人生中最後的官職頭銜；此政和六年（1116 年）記載直至南宋高宗建炎二年（1128 年）陳暘去世，中間十二年無資料可考，且後因戰爭與政局動盪，直至靖康三年徽宗與欽宗被俘流亡於金，北宋至此告亡。陳暘去世後，高宗

追贈朝議大夫，賜御葬於閩清十五都普賢寺後，《暘公墓道碑文》〔註34〕記：

> 古立德，立功，立言之士，其精神足以彪炳宇宙，死而不朽，愈遠
> 而彌存。即一時流寓山川，千載之下，所至增輝；而況桑梓，首邱
> 之所，其為振耀表著，當更何如也。……若公者，豈其倫歟？公
> 以賢良科，舉紹聖元年進士，兄弟相繼立著作之廷，先後給筆札，
> 所進《樂書》二百卷，與仲兄祥道《禮書》一百五十卷，均足闡繹
> 前聞，昭茲來許。而公所辟魏漢津，二變四清之說：謂其事可變，
> 而君不可變，大呂太簇可分，而黃鐘不可分；殆亦古人所謂尊無二
> 上之旨，其論尤為當世所稱許，是其有功於著作甚遠；雖未知如古
> 立德者為何如，要其立功立言，與世所稱不朽，無多讓焉。

清嘉慶年間縣令進士方亨衢以儒家傳統的「立功、立德、立言」三項評價用
以評論陳暘，很顯然將其歸類為儒士，肯定陳暘立功立言。而按陳暘言鹽鐵
利弊旨被罷之事，陳暘反苛政、為人民請命的行為正是作為立德一項的註腳。
三山進士陳壽祺〈賢良祠紀略〉亦載：

> 閩清二陳先生之祭於鄉久矣，按淳熙三山志，紹聖二年，祝聖為宰，
> 侍郎晉之，初擢制科第一歸，邑人新其學，作堂以祀其兄博士祐之，
> 政和中，尚書黃裳，復以博士解經功，圖像群學先賢堂。明始合祀
> 二陳先生於邑之龍江書院，而城南盤谷山之麓，有博士家祠，明季
> 書院毀，移祀二先生於處。國初仍之。雍正十二年，有司請帑葺治，
> 春秋肅事，置其高為奉祠生。蓋六百八十餘年於今矣，番禺居公允
> 敬，蒞政之始，式觀人文，以舊宇湫隘，揆度數年，乃以嘉慶癸酉，
> 與邑士君子，建合祠於其學明倫堂之後，而二陳先生之所以含其報
> 者，蓋遠而光。

後人對陳暘的評價，大致是將他歸於儒士，從民間對他的祀奉即可知：他的
儒士身分及賢良的人格形象是極為被認同的，成為一種典範。除有二陳先生
祠外，尚配祀文廟。今人建賢良亭為紀，而賢良祠的聯句正是為其風骨做了
最好的描述：「多士高山仰，大儒百年師。入廟整衣冠，恍若儀容可接。登堂
陳俎豆，儼然靈爽式憑。」

　　特別的是，陳暘和佛學的經典與寺廟存在一些關聯；首先是南宋梁克家

〔註34〕清嘉慶年間縣令進士方亨衢所撰《暘公墓道碑文》，《樟峰陳氏續修家譜》清
　　　乾隆七年（1742 年）本，藝文出版社鉛印本，1987 年，頁 32～33。

《三山志》稱：「有大藏經版，侍郎陳暘勸造。」《福建通史》載：「據該經邊頁所著，宋代著名的《樂書》作者禮部侍郎陳暘為該書的勸首之一。」崇寧二年（1103 年）福州東禪寺在民間勸募集資雕刻《大藏經》，陳暘頗為其盡心力，此書刻成後，寺僧將刻成的《大藏經》獻給朝廷，陳暘上奏朝廷贊此功德，在陳暘的奔走和資助之下，皇帝賜名此書為《崇寧萬壽大藏經》，並賜東禪寺「崇寧」匾額。政和三年（1113 年）遊福州永福（現永泰縣）高蓋名山寺，留下《龍都宮》一詩，記於《三山志》卷三十七寺觀類五，「龍都峰岩」條：宋政和三年，陳侍郎還自高蓋，來謁祠下，遷其庵，葺祠寧，遂復洞門古迹。詩云：『岩頂風雲常不散，洞門日月吐煙霞；濟時偏解為霖雨，信是神仙第一家。』」翌年，陳暘又遊於山，題寫崖刻「廓然臺」三字，上有「潁川陳暘命名」和「政和四年仲春」的紀錄。陳暘墓附近的普賢寺，據傳也是陳暘在世時喜愛前往之處。多本族譜載其告老還鄉不再復官，潛心向佛，終老於鳳凰山下；鄭長鈴認為是因陳暘無法實現政治理想，對時政的失望厭倦，由崇儒而向佛。當然吾人僅憑藉一些遊覽山水寺廟的紀錄痕跡，以及幾處提字、幾首題詩，並無其他史料佐證，無法揣測或證明陳暘的思想有佛學的轉向或傾向，但我們也能隨著這些線索遺緒，更加認識陳暘這位賢良。〔註35〕

二、陳暘著作及其《樂書》

　　陳暘著作有：《迓衡集》、《樂書》二百卷、《樂書正誤》一卷、《禮記解義》十卷、《北郊祀典》三十卷、《孟子解義》三十卷，茲述如下：

1. 《樂書正誤》：《玉海》卷一〇五《崇寧陳暘樂書》條言陳暘著有《樂書正誤》一卷。此書應是陳暘《樂書》二百卷之補遺卷，然久佚不傳。需注意

〔註35〕《三山志》卷三十三寺觀類一「僧寺，閩縣圓明院」條：「九仙山之南小華山，舊石鐫三字，太守程師孟、運使劉彝、侍郎陳暘、提刑陳建，有《圓明小華峰詩》。野意亭、廓然臺、清輝閣。」「閩縣，東禪院」條：「大藏、米芾書額，有大藏經版，侍郎陳暘勸造，有畫像。」卷三十七寺觀類五「永福縣，高蓋名山院」條：「大觀三年，知縣鄭仁達始建三聖殿室，嘉祐中，許公將《留題二室》云：『上得山來過石門，謁靈特地乞真言。再三許我前程事，敢不留題謝聖恩。』紹聖初，陳公暘亦繼前韻：『六題曾徹九重門，暫阻堯階奏萬言。今日又蒙師許我，漢廷當沛異常恩。』」「龍都峰岩」條：「政和三年，陳侍郎暘還自高蓋，來謁祠下，遷其庵，葺祠宇，遂復洞門古跡。詩云：『岩頂風雲常不散，洞門日月吐煙霞。濟時偏解為霖雨，信是神仙第一家。』」卷三十八寺觀類六「懷安縣，鳳池寺」條：「水廉」陳公暘詩：『地噴飛泉成雨露，根盤喬木列旌麾。』」

與南宋樓鑰所撰之《樂書正誤》非一書。

2. 《禮記解義》：《東都事略》、《宋史‧藝文志》皆載陳暘著《禮記解義》十卷，佚。

3. 《北郊祀典》：《東都事略》、《玉海》卷九十四〈政和寄方澤〉、《宋史‧藝文志》皆載陳暘著《北郊祀典》三十卷，佚。

4. 《孟子解義》：《東都事略》、《宋史‧藝文志》》、明代《國史經籍志》卷二皆載陳暘著《孟子解義》三十卷。宋末《景定建康志》卷三十三〈經書之目〉言南宋建康府學內藏《孟子》注說十四本，其中一本註：「暘之解。」應為本書。佚。

5. 《迓衡集》：按《宋史》：「徽宗初，進《迓衡集》以勸導紹述，得太學博士，秘書省正字。」可知《迓衡集》的主要內容是「勸導紹述」。「迓衡」語出《尚書‧洛誥》：「惟公明德，光於上下，勤施於四方，旁作穆穆迓衡，不迷文武勤教。」孔傳曰：「四方旁來，為敬敬之道，以迎太平之政。」此事與北宋文人政治的背景息息相關；北宋由仁宗開始的「慶曆新政」，後為神宗的「熙寧變法」（熙豐新政），至哲宗時為「元祐更化」。元祐八年九月，高太后去世，哲宗親政，改年號為「紹聖」，而於同月，陳暘舉進士；紹聖元年十二月諫官楊畏進萬言奏章，勸導繼承和恢復熙寧的新政，稱之為「紹述」，輔助哲宗「紹述」的大臣有章淳、曾布、蔡京、蔡卞〔註36〕等人，北宋期間原本士大夫之間的政見不合，演變為結黨鬥爭的局面，陳暘作為一個處在當時黨爭環境下的官員，自然是不會視而不見的。但卻從黨爭史料之中，找尋不到陳暘的記載，歷史上的判定是並沒有介入黨爭之中，但《宋元學案》中，將陳暘與其兄陳祥道一併列入〈荊公新學略〉中，嚴格算來，陳暘算是王安石的學生。因此，支持王安石熙寧變法的政見，為合理之舉。元符元年，徽宗即位，欲調和朋黨傾軋〔註37〕，陳暘進《迓衡集》「勸導紹述」，但《迓衡集》已佚，對於其內容與實際效果如何，

〔註36〕蔡京、蔡卞見於《宋史》卷四百七十二列傳第二百三十一，章淳、曾布見於卷四百一十四列傳第一百七十三。

〔註37〕《長編拾補》卷十六，元符三年十月己未條，徽宗之詔：「朕於為政取人，無彼時此時之間，斟酌可否，舉措損益，惟時之宜，旌別忠賢，用捨進退，惟義所在，使政不失其當，人材各得其所，則能事畢矣，無偏無黨，正直是與，體常用中，只率大體，以與天下休息，以成朕繼志述事之美，不亦韙歟。若夫曲學偏見，妄意改作妨功，擾政以害吾國是者，非惟朕所不與，乃公議知所不容，亦與眾棄之而已。」

實在無以稽考，只能由此得知陳暘「得太學博士、秘書省正字」的結果。

6. 《樂書》：《宋史》與《東都事略》言《樂書》二十卷誤，其書二百卷。《直齋書錄解題》卷十四稱《樂書》：「建中靖國元年（1101 年）進之」，《玉海》卷一○五《陳暘崇寧陳暘樂書》條：「靖國初，給筆札寫進」「暘《樂書》首採《禮記》諸經言樂處為訓義，次取成周至本朝事為之圖論，又有《正誤》一卷」。崇寧二年（1103 年）九月六日，吏部尚書何執中等奏：「近禮部員外郎陳暘所撰《樂書》二百卷，送臣等看詳。臣等欲乞特加優獎。所有暘欲考定音律，以正中聲，更乞送講議司，令知音樂之人相度施行。」（《宋會要輯稿》五之十八）《直齋書錄解題》亦有：「元祐中表上之」，《宋會要輯稿·崇儒》中所載進獻日期為「元祐五年十一月一日」，這些資料對於陳祥道進獻《禮書》的時間相當一致，大約為元祐五年（1090 年），但對於陳暘何時進獻《樂書》卻無提及。據趙挺之〔註38〕建中靖國元年尚書禮部文牒所載：

> 臣聞六經之道，禮樂為急，方當盛時，所宜稽考情文以飾治具，然非博洽該通之士，莫能盡也。臣竊見秘書省正字陳暘著成《樂書》二百卷，貫穿載稽，頗為詳備。

徽宗詔曰：

> 敕宜德郎守禮部員外郎陳暘。先王制作之文損缺，弗嗣後世，洪汩寢日益微梧紳，先生難言之，以爾學博聞多，誦說有法，究觀樂律本末，該明攘斥諸家，考證六藝，成書甚富。眾論所稱，差進闕官，以為爾寵，毋忘稽古，服我茂恩。

禮部侍郎趙挺之於建中靖國元年正月八日奏乞筆札，九日聖旨依奏，四月二十七日送呈吏部看詳，經吏部尚書等十九人同議，奏請優獎；趙挺之推薦陳暘時乃為禮部侍郎，而後甚至官拜尚書左丞、右相，其官位極高，亦即對徽宗具有一定的影響力。趙挺之推薦陳暘，因而使其獲得了更高的官位。徽宗建中靖國年號僅有一年（1101 年），隔年便改元，因此可以清楚地知道，《樂書》確為建中靖國元年（1101 年）所呈。

　　關於陳暘著《樂書》的動機，最顯明的動機是因為仲兄祥道，據《樂書·序》：

〔註38〕趙挺之，字正夫，密州諸城人。徽宗立為禮部侍郎，崇寧初，除尚書左丞，崇寧中，官拜右相，因和蔡京奪權而罷相。崇寧末，蔡京罷相，復拜右相。

臣先兄祥道，是時直經東序，慨然有志禮樂，上副神考修禮文、正
雅樂之意，既而就《禮書》一百五十卷。哲宗皇帝祇適先志，詔給
筆札，繕寫以進；有旨下太常議焉。臣兄且喜且懼，一日語臣曰：「禮
樂治道之急務，帝王之極功，闕一不可也。比雖籠絡今昔上下數千
載間，殆及成書，亦已勤矣。願雖竊寐在樂，而情力不逮也。」囑
臣「其勉成之。」臣應之曰：「小子不敏，敬聞命矣。」臣因編修論
次，未克有成。先帝擢寘上庠，陛下升之文館。積年于茲，著成《樂
書》二百卷。

由於陳祥道志在禮樂，「修禮文、正雅樂」，而《禮書》一百五十卷實已是龐
大鉅作，因而囑陳暘繼承其志、著樂書，以防禮崩樂壞。

陳祥道（1053～1093 年），字用之（祐之）[註39]，是陳暘同父異母的仲
兄，比陳暘年長二十餘歲，在宋英宗治平四年（1067 年），陳祥道在陳暘出生
的前一年登許安世榜進士，任國子監直講。北宋神宗、哲宗時期政局混亂、
黨爭不斷，陳祥道師從王安石，受其影響論著宣揚新法。據《樟峰陳氏續修
家譜》載：「初仕時，父甌工人死，而祥道任其罪，久廢。」受老師二度罷相
與父親犯罪之牽連而免關，後賦閒在家，發憤深學禮法，著成《周禮纂圖》
二十卷、《儀禮注解》三十二卷、《禮記講義》二十四卷、《論語全解》十卷、
《禮例注解》十卷、《禮書》一百五十卷；哲宗元祐四年（1089 年）因進《禮
書》而遷秘書省正字，後賜緋衣太學博士。生前雖生活貧窮、仕途坎坷，但
身後墓葬待遇相當於二品官之待遇，御賜的石獸、石生、翁仲可見哲宗仍是
對其極為看重和讚賞。陳暘《樂書·序》言：

臣先兄祥道是時直經東序，慨然有志禮樂，上副考修禮文、正雅樂
之意，既而就《禮書》一百五十卷。哲宗皇帝祇適先志，紹給筆札
繕寫以進，只旨下太常議焉。臣兄且喜且懼，易日語臣曰：「禮樂者，
治道之急務，帝王之極功，闕一不可也。必孫攏絡今昔，上下數千
載間，殆及成書，亦已勤矣。願雖竊寐在樂，而精力不逮也。」囑
臣其勉成之。臣應之曰：「小子不敏，敬文命矣。」

陳暘受祥道教育與影響，並表明受其兄祥道之囑託而完成《樂書》。陳祥道於
紹聖二年（1095 年）去世，享年五十二歲，入祀三山郡先賢堂和本邑鄉賢，

〔註39〕《宋史》與《宋元學案》作「用之」，族譜載「祐之」，遺諱元祐，然無文獻
　　　　證據供考證。

清雍正十二年（1734 年）、嘉慶十八年（1813 年）、光緒二十九年（1903 年）皆有遷移修建，2001 年終於現址重建並更名為「陳祥道陳暘紀念館」。陳祥道與陳暘兄弟，因編撰《禮書》一百五十卷與《樂書》二百卷，有「二陳先生」之名，楊萬里《誠齋集》卷八十二說道：

> 太常博士臣陳祥道上體聖意，作為《禮書》一百五十卷，其弟陳暘
> 作為《樂書》二百卷，然未就也。至哲宗時，祥道以《禮書》獻，
> 至徽宗時，暘以《樂書》獻。

二陳紀念館門上題有：「棣萼一門雙理學，梅溪千古兩先生」〔註40〕，然「理學」一詞原訛傳為朱熹所提，目前已更正。以「理學」稱其兄弟之學亦誤，兩者之說均不以「理」為核心思想，尤應避免和朱熹之理學有混淆與關聯之誤解。縱兄弟之說亦有差異和不同之處，作者認為應以「道學」稱之較為妥適。

　　由上述對陳暘的著作可知，除《樂書》外的著作皆已佚不傳。後世對陳暘的研究目前僅能從《樂書》著手。北宋文人政治、黨爭環境的惡劣，「禮崩」已是既定事實；以雅樂樂律的爭論一直存在，甚至有越辯越烈的趨勢，僅北宋即有六次樂律改訂，旋改旋廢，「樂壞」亦已發生，陳暘〈進樂書表〉言：

> 禮樂，壞之久矣，自商周之損益，更秦漢之陵遲，樂謝變襄，音流
> 鄭衛。浸廢修聲之聱，上下何幾？更乖旋律之宮，尊卑莫辨。或指
> 胡部為和奏，或悅俗調為雅音。二變興而五序愆期，四清作而中氣
> 爽應。欲召和於天地，其道無由；思饗德於鬼神，何修而可？是故
> 稽度數以適正，省文采而趨則；勿用夷以亂華，罔俾哇而害雅；息
> 諸儒好異之說，歸大樂統同之和。

並且強調禮樂之治優於刑政之治：

> 先天下而治者在禮樂，後天下而治者在刑政。三代而上，以禮樂勝
> 刑政，而民德厚；三代而下，以刑政勝禮樂，而民風偷。是無他，
> 其操述然也。恭維神宗皇帝，超然遠覽，獨觀招獷之道，革去萬蠹，
> 鼎新百度，本之為禮樂，末之為刑政。（《樂書·序》）

〔註40〕按《閩清縣志》：「一在縣治明倫堂後，祀祥道公及弟暘公；嘉慶十八年，閩
　　　　清知縣事居允敬建。一在南門外，盤谷山麓，清雍正十二年，上發帑重修。
　　　　道光十八年，圮於水。光緒二十九年，存宗，宗賢，副舉文明，附貢夢新，
　　　　附生譽舉，諸公，稟請邑令倪源壽，於吾族鳩資購地，移建在舊址後山之上，
　　　　今祠宇巍然，歲有春秋二祭。」

陳暘作為士大夫官員，對於「禮崩樂壞」的情況應抱有改革之願望，「釐而正之，實今日急務也。」（《樂書》卷 97）且自漢以降，胡樂傳入，隋唐時佛教音樂隨著宗教而入，且民間音樂與說唱藝術的崛起與流行，造就了當時的多元文化，北宋的文化在各方面都有蓬勃發展；在音樂的方面，陳暘憂心的是：「夷以亂華，哇而害雅」，胡樂和俗樂喧賓奪主，取代了以漢族為中心的觀念及宮廷雅樂的正統地位。《樂書・夷樂論》中提道：

> 王者，用先王之樂，明有法也；用當代之樂，明有制也，用四夷之樂，明有懷也。……。東夷之音怨而思，南蠻之音急而苦，西戎之音悲而冽，北狄之音雄以怒，四夷之聲也。東夷之舞緩弱而淫裔，南夷之舞蹻迅而促速，西夷之舞急轉而無節，北夷之舞陳壯而不揚，四夷之舞也。四夷之樂舞如之，則其歌可知。先王之於夷樂，雖有所不廢，然夷不可亂華，哇不可干雅。（《樂書》卷 125～126）

另一方面陳暘《樂書》的用意在於「釐而正之」、「以備聖覽」，對皇帝「遠佞臣」、「去靡樂」產生警惕勸戒的作用，希望以明訓經典而達到「以正視聽」的目的。〈樂書・序〉言：

> 聲音所以不知者，以樂不正也；樂所以不正者，以經不明也。臣之論載，大致據《經》，考《傳》，尊聖人，折諸儒追復治古，而是正之。囊括載集，條分匯從。總為六門，別為三部。其書冠以經義，所以正本也；圖論冠以雅部，所以抑胡、鄭也。經義已明，而六律六呂正矣；律呂已正，而五聲八音合矣。然後發之聲因而為歌，形之動靜而為舞。人道性術之變，善盡於此。苟非寓諸五禮，則禮為虛器，其何以行之哉？是故循乎樂之序，君子以成焉；明乎樂之義，天下以寧焉。

雖然陳暘雖以進獻《樂書》而在官途上得以升擢，但其志應不僅僅在於此；當時他身為禮部官員，應懷抱著「明經正樂」的更高理想。他在〈樂書・序〉中言：「先天下而治者在禮樂，後天下而治者在刑政。」禮樂國家治體之本，其主張：「以禮樂勝刑政」，很明顯地可見，陳暘畢生之志不在於「音樂」，而在「政治」，〈樂書・序〉云：

> 五聲十二律，樂之正也；二變四清，樂之蠹也。蓋二變以宮為君，四清以黃鐘清為君。事以時作，固可變也，而君不可變；太簇、太呂、夾鐘或可分也，而黃鐘不可分。既有宮矣，又有變宮焉；既有

> 黃鐘矣，又有黃鐘清焉。是兩之也。豈古人所謂「尊無二上」之旨
> 哉！為是說者，古無有也，聖人不論也；其漢唐諸儒傳會之說歟？
> 存之則傷教而害道，削之則律正而聲和。

陳暘期盼通過全面恢復上古三代的禮樂制度，以此明經正樂來維護君臣綱紀，只可惜在北宋這一動亂的朝代，「禮樂之治」似乎不是多麼激勵人心的想法。《宋史‧樂志》記載：

> 徽宗銳意制作，以文太平，於是蔡京主魏漢津之說，破先儒累黍之
> 非，用夏禹以身為度之文，以帝指為律度，鑄帝鼎、景鍾。樂成，
> 賜名大晟，謂之雅樂，頒之天下，播之教坊，故崇寧以來有魏漢津
> 樂。

崇寧元年（1102 年）徽宗以太常雅樂制度訛謬、大樂合奏失之太高而博求知音之士。很明顯地，崇寧元年的前一年（建中靖國元年 1101 年）陳暘所獻的《樂書》有兩種可能的結果；第一種可能，徽宗根本就沒有研讀《樂書》，才會於隔年又求「知音之士」；第二種可能，徽宗讀了《樂書》，但卻沒有和他的想法相符合，所以於隔年又求「知音之士」；總的來說，就是一種結果：徽宗沒有接受陳暘的看法，而將《樂書》「儲之秘閣，久而未彰」〔註41〕。徽宗寵信蔡京，蔡京薦方士魏漢津，沉迷於奢華且講究排場的舞樂享受〔註 42〕，聽信其說法，徽宗遂「以指為律」、「謂之雅樂」並且「頒之天下，播之教坊」。

陳暘《樂書》「儲之秘閣」，後由同鄉朝奉大夫權發遣建昌軍事陳歧得其副本，並於南宋慶元五年（1199 年）九月為之跋：

> 暘來假守盱江退食之暇，閱軍所藏卷帙甲乙，首得《禮書》，佩而誦
> 之，若身周旋裼裘於其間。而《樂書》，恨未之睹。聞其子弟從南豐
> 林簿游，因移書令訪其家之遺，果得副本，以致歧，於是不惟自喜
> 見平生未見之書，且得以無負先君提耳之誨。試撮其凡以觀大要，
> 削去二變、四清之說，尊君華國，以為不刊之典，真二《經》之鼓

〔註41〕見《宋史‧樂志》卷一百二十六。
〔註42〕宋徽宗趙佶是歷史上有名的末代皇帝與藝術皇帝，最有名的是創造了書法的
「瘦金體」；《宋史‧食貨志》中對其評價是：「妄耗百出，不可勝數。」元‧
脫脫《宋史‧徽宗傳》即直接評為「玩物喪志」、「諸事皆能，獨不能為君耳」，
《開封府狀》載其有五后、妃嬪一百四十三人、女官宮女五百零四人，育有
約莫八十名子女；靖康之禍被擄的主角即為徽宗及其子欽宗，《水滸傳》和《大
宋宣和遺事》也是在描述此時代官逼民反的悲慘景況。

吹，諸子百家之領袖也，是不可不並行於世。竊謂人之情達於禮，
而不達於樂，失之拘；達於樂，而不達於禮，失之縱。今之士，神
遊目擊於《禮書》之日久，厭飫而自得之矣。

陳歧於軍中所見陳祥道之《禮書》，可見祥道之書已為廣傳，陳歧自言志於禮
樂，「而《樂書》，恨未之睹」成為了一項遺憾，恰巧訪其家之遺，得到了《樂
書》副本；在其跋中，給予了《樂書》極高的評價，並且認為《禮書》與《樂
書》「不可不並行於世」。陳歧先請當時的門生迪功郎建昌軍南豐縣主簿林字
沖為《樂書》校勘：

右陳賢良所著《樂書》，貫穿六經，網羅百氏，上自皇王至我宋，本
末條貫，靡不備述。秩以八音，分以三部，屏去四清、二變之說，
確乎鄭衛不能入也。書凡二百卷，建中靖國初，給筆札繕寫以進，
儲之秘府，久而未彰。史君陳先生本務稽古，得其家藏副本，令字
沖校勘以廣其傳。字沖字惟末學，豈足以窺前賢之閫奧，隨文繹義，
補闕訂訛，不敢不盡心焉。若夫一二制度，有其文而亡其圖，非蕪
陋之所能增益，姑以俟知者。

並請當時的通議大夫寶文閣待制楊萬里〔註43〕為之作序：

蓋遠自唐虞三代，近逮漢唐本朝；上自六經，下逮子史百氏；內字
王制，外逮戎索；網羅放失，貫綜煩悉；放鄭而壹之雅，引今而復
之古。使人味其論，玩其圖，忽乎先王金鐘天球之音，鏘如於左右
也；粲乎前代鷺羽玉戚之容，躍如於前後也。後有作者，不必求之
於野，證之於杞宋，而損益可知矣。

由此，《樂書》首刊行於世應於 1200 年左右，在經過約莫一百年的時間，陳
暘《樂書》終於重見天日。後又有時人樓鑰〔註44〕校正《樂書》，著《樂書正
誤》，其後序言：

閑居無事讀之盡二百卷，古今之樂，曰雅、曰俗、曰胡；器用、舞

〔註43〕楊萬里（1127 年～1206 年），字廷秀，號誠齋，吉水（今江西省吉水縣）人，
官至寶謨閣學士。高宗紹興二十四年（1154 年）進士，曾任太常博士、廣東
提點刑獄、尚書左司郎中兼太子侍讀、秘書監等職務，官至寶謨閣學士。與
尤袤、范成大、陸遊合稱南宋「中興四大詩人」。作《誠齋集》傳世。

〔註44〕樓鑰（1137 年～1213 年），字大防，南宋詩人、文學家。慶元道鄞縣（今浙
江寧波）人。隆興元年（1163 年）進士及第。歷官溫州教授，起居郎兼中書
舍人，遷給事中兼實錄院同修撰、直學士院、權吏部尚書兼侍讀，朝廷以翰
林學士召見，歷官同知樞密院事，參知政事。

曲，無所不該，其間重見者亦多，要可謂浩博矣。求其所謂聲者，
終不可得，然念其用心之勤，樂家書未有如此。而苦其舛誤無所考
證。

當然按陳暘對於雅樂的要求和恢復上古之制的想法，樓鑰覺得以此為標準的
話，則「終不可得」。南宋陳振孫〔註45〕《直齋書錄解題》中亦言《樂書》：「博
則博矣，則未能免於蕪穢。」《四庫全書總目提要》〔註46〕卷三十八經部三十
八中錄《樂書》，除錄前述所提資料，並對其肯定、擁護及批判，茲分述如下：

一、對於陳暘《樂書》的肯定與擁護

陳振孫《直齋書錄解題》批評陳暘《樂書》內容雖然廣博，卻亦有雜亂
旁出、毋須留下的部分，《四庫全書總目提要》載：

引據浩博，辨論亦極精審。視其兄祥道《禮書》，殆相伯仲。第《禮
書》所載，只詳於三代器數，是書則又推及律呂本原及後世雅俗諸
部。故陳振孫《書錄解題》謂《樂書》：「博則博矣，未能免於蕪穢
也。」然暘書包括歷代，總述前聞，既欲備悉源流，自不得不兼陳
正變。使振孫操筆而修史，將舉古來秕政亂法一切刪之不載乎？此
南宋人迂謬之見，不足據也。

《四庫全書總目提要》稱許《樂書》為「引據浩博」的鉅作，其中的辨論也
非常審慎，並將祥道《禮書》和陳暘《樂書》相提並論，評價是「殆相伯仲」，
更讚《樂書》在《禮書》之後又對音樂有更專精的見解，論及音律本原和網
羅雅、胡、俗各部，廣納各代歷史與蒐集當代的音樂資料，更評陳振孫的批
評為「迂謬之見」。

二、對於陳暘《樂書》的批判

其中惟辨「二變」、「四清」二條，實為紕繆。自古論「四清」者，
以民臣相避以為尊卑立說，本屬附會。……。暘引李照十二鐘之說，
殊為舛誤。又論「二變」曰：「五聲者，樂之拇指也。二變者，五聲
之駢枝也。五聲可益為七音，則五星、五行、五常亦可益而七之
乎？」……蔡元定相去二律則音節遠之說最有根據。……。此理

〔註45〕陳振孫（1183 年～1262 年），初名瑗，字伯玉，號直齋，浙江安吉州（今浙
　　　　江安吉縣）人，一作永嘉（今浙江溫州）人，南宋時期目錄學家。累積藏書
　　　　五萬餘卷，又以二十年光陰撰成《直齋書錄解題》五十六卷，將歷代書籍分
　　　　為五十三類。
〔註46〕清・永瑢等撰《四庫全書總目》，卷三十八部樂類。

　　尤為暘所不知也。至以七音為八音虛土而言，尤為牽強矣。……。

　　凡此之類，皆不可據為典要。

《四庫全書總目提要》將陳暘提出的「二變四清」引李照的樂律原理為一個敗筆，陳暘對於五聲音階的堅持，以「七」為「五」增加「二」而來，視為儒士受陰陽五行的影響，而認為蔡元定對樂律的主張才為是，而陳暘並不了解樂律的原理，是藝術為政治服務而提出牽強附會的理論，諸如此類的立論不可為典要。

第三章　音樂之形上學向度(音樂本根論)

　　音樂的起源問題，探討的主題乃音樂發生在人類身上的最早起源，即音樂的文化意涵的開端，這是音樂在形而下的世界中，添加了新形式的文化積累意涵，即音樂與人類具有直接相關的、最為自然的發展。中國儒家傳統的觀念中，大多繼承《禮記·樂記》中的說法：音樂的起源來自於「人心」，人心與外物接觸時而有「聲」，「聲」雜比而為「音」，再加以搭配「舞」而為內容豐富的「樂」，此為音樂的起源問題之推導；陳暘亦認同此說，人心「未發」、「靜」的狀態為「性」，只是他以為，「人心」作為形下世界音樂的起始點，卻並非是音樂的終極原因與原理，亦可繼續往形上溯源。「人心」有所感，其根源在於心動的狀態──「情」，心靜時為「性」，即為「心」之一體兩面的狀態。而「性」作為人與生俱來的存在，和「命」又是不可分割的一組概念，進而推論至乃由「天」賦予的存在。在此關乎到幾個人性論的基本問題：「性」、「情」、「欲」三個概念需略加闡明之，而陳暘的主張乃是「復性」，即恢復清靜本心，保持一種心「靜」的狀態，盡量不受外在事物所干擾，不以物喜、不以己悲，而如若必須有所感，更要「慎所以感之」。

　　他以「人心」之靜──「性」──為基礎，繼續往形上的向度繼續推論，要尋找出「樂」的終極原因；因而他由「性」推至「命」，由「命」推至「天」，一路推論到最後得出「樂自天出，禮以地制」的結論，而依此脈絡所得之結論，亦為其音樂本根論的主要命題。依「樂由天作、禮以地制」之推論脈絡，最終乃止於終極原則與規律之「道」。無形之「道」，必得有形的介質承載之，而「禮樂」即是以「陰陽」的本質作為形式之闡發的。禮是出於「天地之性」，涵「天地之序」之意；樂是出於「天地之命」，有「天地之和」之意。禮是陰，

以地制，即「地道」也；樂是陽，由天出，即「天道」也；狹義而言之，一天一地、一陰一陽、一禮一樂。廣義言之，天亦涵地、兼地，故兩者皆出於天。「道之在天為陰陽，在人為禮樂。非陰陽吾無以見禮樂矣。」「禮樂」以「陰陽五行」的形式運作並承載了「道」，「樂出於虛，寓於實；出於虛則八音冥於道，寓於實則八音麗於器。」無形之「道」，必有形的介質承載之。如此，無形化有形，有形載無形，音樂的形上與形下並未斷裂，即陳暘所發揮《易》中：「即道言器」而發展「以道寓器，以器明道」的思想；是「器」按照「道」之規律而明，此規律即「道」，並按照「陰陽」和「五行」的原則和方式而運作。

　　音樂的終極根源來自於「天」，因需要解釋自己提出的「樂自天作」此一命題，陳暘採納了《周易》與氣化宇宙論的說法，用陰陽二氣的成和交通解釋萬事萬物，包含音樂。在「陰陽」的承載形式上，「禮樂」是人認識理解「陰陽」的其中一種方式，發展以陰陽的盈虛消長說明一切的變化運行，人與萬物皆是陰陽二氣合和而成，因此具有同質、同構的特性與感應的能力。「道」是終極的規律與規則，這是陳暘發揚「生生不息」概念的目標。「道」與「器」之間亦非二元對立，而是相互彰顯的一組概念；而「道」落實在「器」中，依藉五行理論作為一種銜接，是由「器」認識「道」的方法論，並且為音樂理論——「五聲音階」作了一個牢固的基礎。由是，形上與形下的音樂並非斷裂的，而是貫串形上與形下及落實體與用的兩個面向。

第一節　音樂起源問題

一、「聲」、「音」、「樂」

　　《禮記·樂記》、《荀子·樂論》〔註1〕中論音樂起源之論題，皆由人受外

〔註1〕《禮記·樂記》：「凡音之起，由人心生也。人心之動，物使之然也。感於物而動，故形於聲。聲相應，故生變；變成方，謂之音；比音而樂之，及干戚、羽旄，謂之樂。」關於《禮記·樂記》的成書年代說法不一，如沈約、長孫無忌、張守節、郭沫若、錢穆等人主張作者為公孫尼子，劉歆、班固、黃震與中國中央音樂學院等主張作者為河間獻王劉德，李澤厚、劉綱紀等人則主張為荀子或其學派所作，眾說紛紜。但司馬遷《史記》中保存了完整的《樂記》全文，雖說段落與今本有些許不同，但可推知成書年代大約為荀子後至司馬遷完成《史記》前的這段時間，約為公元前三到二世紀至公元前一世紀左右，且作者避諱

在影響而產生「心」之感動或感應，亦和《呂氏春秋・音初》的觀點相同〔註2〕。「樂」以「音」與「聲」為其本，皆由人心所生而產生「情」，以「聲」的方式表達和呈現出來；而「聲」有高低大小之分、悲哀快樂之別，或清或濁，因其相應不同，「聲」與「聲」之間的相互應和使其產生變化，此變化的規律與頻率稱之為「音」，鄭注曰：「宮、商、角、徵、羽雜比曰音，單出曰聲。」「音」的不同組合能產生旋律而成為「歌」，若加上「舞」的表演形式則稱之為「樂」，因此「樂」並不是僅有音樂的單獨演奏，而是「音樂」、「詩歌」與「舞蹈」的融合藝術，是文化形式的積累呈現。「樂」由「音」、「聲」而生，是「本在人心之感於物也」，《樂記》開宗明義地說：

> 凡音之起，由人心生也。人心之動，物使之然也。感於物而動，故形於聲。聲相應〔註3〕，故生變；變成方，謂之音；比音而樂之，及干戚、羽旄〔註4〕，謂之樂。（《禮記・樂記》）

關於音樂起源的問題，中國儒者大多繼承《禮記・樂記》中的說法，陳暘亦然。據此脈絡，「聲」是「單出為名」，「音」是「雜比而成」。其言：

> 單出為聲，雜比為音，聲出於情而有宮商角徵羽之別。音生於聲，而有金石絲竹匏土革木之雜。故情不發，無以見其聲，則聲所以達情者也；聲不成文，無以見其音，則音所以著聲者也。（《樂書・卷六十一》）

「凡音之起，所已由人心生也，人心離靜而動，豈自爾哉？有物引之而已。」（《樂書・卷八》）「聲」由外物引之而發，本於人心之感於物也，感於物而後動，其「情」而已。「聲」是由人心和外物所接觸時，人心產生了「情」，因而所發出的自然聲響。「音」是「雜比而成者」，「聲」的高低、大小、清濁不

「漢」字，應當為漢朝之儒者。且《樂記》本有二十四篇，劉向校後存二十三篇，著於《別錄》，現存十一篇入《禮記》合為一篇：〈樂本〉、〈樂論〉、〈樂施〉、〈樂言〉、〈樂禮〉、〈樂情〉、〈樂化〉、〈樂象〉、〈賓牟賈〉、〈師乙〉、〈魏文侯〉，其餘十二篇只剩篇名而無內容，有：〈奏樂〉、〈樂器〉、〈樂作〉、〈意始〉、〈樂穆〉、〈說律〉、〈季禮〉、〈樂道〉、〈樂義〉、〈昭本〉、〈招頌〉、〈竇公〉。

〔註2〕《呂氏春秋・音初》：「凡音者，產乎人心者也，感於心則蕩乎音。」

〔註3〕鄭玄注曰：「樂之器，彈其宮則眾宮應，然不足樂，是以變之使雜也。」即樂器之間同音高的共鳴與振動。即《易・乾卦》所言之：「同聲相應，同氣相求。」

〔註4〕舞蹈之道具，有文舞與武舞之分；武舞執干戚：「干」即盾，戚即斧；文舞執羽旄：「羽」即翟羽，「旄」即牛尾。鄭注曰：「《周禮》舞師，舞師掌教舞，有兵舞、有干舞、有羽舞、有旄舞。」《詩・邶風》中有亦對文舞的描述：「左手執籥，右手秉翟。」

同，彼此產生相應，是分別不同的數個「聲」所組合而成，卻也能因此而各自區分，陳暘言：

> 樂發於聲則中之為宮，章之為商，觸之為角，驗之為徵，宇之為羽。
> 此五聲原於五行者也，寓於器則金石以動之，絲竹以行之，匏以宣
> 之，土以贊之，草木以節之，此八音遂八風者也。……。比五聲而
> 八音而成之者也。（《樂書·卷九》）

五聲原於五行，各有其分，而「音」由「聲」來，因此「音」是將五聲寓於器，不同的器物承載不同的屬性與性質，遂成「八音」。陳暘言：「凡物皆動而有聲，聲變而成音。」（《樂書·卷十》）雖然我們對於「聲」與「音」的界定是清楚的，陳暘也贊同〈樂記〉中「知聲」是禽獸、「知音」是眾庶、「知樂」是君子的分級概念，故「知音必自聲始故，不知聲者不可與言音；知樂必自音始故，不知音者不可與言樂。」（《樂書·卷十》）但也偶有「聲」與「音」兩字混用的時候，其言：

> 聲以單出為名，音以雜比為辨，論音之散而單出，雖音也，亦可謂
> 之聲；論聲之合而雜比，雖聲也，亦可謂之音。（《樂書·卷十》）

「樂」又由「音」而來，為先王參照自然秩序與曆法之規律所作，其由來為「配日以律，配辰原樂」，「音」是「樂」的基礎，「聲」又為「音」的基礎。陳暘言：「樂為音之蘊，音為樂之發。」「音」是「樂」的發顯，但「樂」亦由「音」而來，無「音」不成「樂」，但「樂」的藝術形式與文化內涵較「音」豐富，陳暘言：

> 然心動不生心而生聲，聲動不生聲而生音，語樂則未也。比音而樂
> 之，動以干戚之武舞，飾以羽旄之文舞，然後本末具而樂成焉。……。
> 凡音之起，由人心生者，其本也。形於聲而變者，其象也；變成方
> 者，其飾也；比音而樂之，及干戚羽旄者，其器也；四者備矣，樂
> 之所由成也。……。凡音之起，由人心生，不言聲者，音之所起由
> 乎聲，聲之所起由乎心，聲音具而樂成，言音之所起由人心生，則
> 聲固不待言而喻矣。（《樂書·卷八》）

陳暘對於音樂起源的問題在探討之初看似並無新意，然而他卻站在儒家傳統《禮記·樂記》觀念的基礎上，進一步地闡明他對於音樂的態度、想法以及後續將要繼續論述更深入的核心層面。

二、「聲」的起源——人心

　　在此層層的論述下，「聲」這個答案似乎就能解決音樂起源的問題，但陳暘更進一步地要指出比「聲」更早的起源問題探悉，即「人心」；「聲」以「情」而出，「情」是「人心」與外物接而所有「動」的狀態，那麼人心的「靜」的狀態為何？據《禮記・樂記》：「六者（情），非性也，感於物而後動。人聲而靜，天之性也，感於物而動，性之欲也。」「性」為與生俱來的本性，萬物有其本性，人亦有其「人性」。人初生之時未有情欲，一切天性靜秉於自然，其本心雖然「靜」，但不可避免地感於外物的「動」，便有「情」，是喜怒哀樂等於外在的呈現。孔穎達疏曰：「性，生也。各有嗜好，謂之為性也。」《禮記・中庸》亦言：「天命之謂性，率性之謂道。」性由天而來、由天而賦。《大戴禮記・本命》說：「分於道謂之命，形於一謂之性，象形而發謂之生，化窮數盡謂之死。」《孟子・盡心上》言：「盡其心者，知其性也。知其性，則知天矣。」《禮記・中庸》的看法是：「喜怒哀樂（情）之未發，謂之中；（情）發而皆中節，謂之和。」「喜怒哀樂之未發」便為「性」，是尚未與外物接的一種清淨狀態，故稱之為「中」；而「喜怒哀樂之已發」便為「情」，必定要「發而皆中節」才能稱之為「和」，如若「發」而不「中節」，即「過」與「不及」，那麼就是「不中」了。陳暘言：

> 情動於中，又言形於聲者。動者，喜怒哀樂之未發者也；發者，發
> 而中節動不足以言之動，發於中而形於言與聲。詩之所以寓於音也，
> 動於中而形於聲，樂之所以通於政也。（《樂書・卷十》）

因此「性」與「情」並不是兩個矛盾反對的概念，《禮記・禮運》亦云：「何謂人情？喜怒哀懼愛惡欲，七者，弗學而能。」「性」與生俱有，於內為「性」，而於外為「情」，「情」必須是「性」見發於外的表現。《禮記・樂記》所言的「性情」和〈性自命出〉〔註5〕篇的「性情」類似，「性」皆為天生之本性，

〔註5〕作者按〈性自命出〉上篇：「凡人雖有性，心亡定志，待物而後作，待悅而後行，待習而後定。喜怒哀悲之氣，性也。及其見於外，則物取之。性自命出，命自天降。道始於情，情生於性。始者近情，終者近義。知情者能出之，知義者能入之。好惡者，性也；所好惡，物也。善不善，性也；所善所不善，勢也。」〈性自命出〉下篇：「凡人情為可悅也，苟以其情，雖過不惡。不以其情，雖難不貴。苟有其情，雖未之為，斯人信之矣。未言而信，有美情者也。未教而民恆，性善者也。」上述兩篇認為「情」由「性」生（動靜互為顯現與對比），「性」自「命」出，「命」又自「天」降，乃人無法避免。「性」與生俱有，於內為「性」，而於外為「情」，「情」必須是「性」見發於外的表現。《禮記・樂

只有與外物接時才會顯現出「情」,「情」是「性」的動態表現,以情感為「情」的主要內涵,因此在這裡能明確區別出「性」與「情」的差異,「性」是天生具備與生俱有的本性,當與外物接觸時,才會從內而外顯露出「情」,意即,「性」的外部呈現與表露就是「情」,「性」不見物則無「欲」,而是因「情」而有所貪求。孔穎達引賀瑒之說,對於「性」與「情」作了一個較為形象化的比喻:「性之與情,由波之與水,靜時是水,動則是波。靜時是性,動則是情。」因此「性」與「情」並非善惡二元對立的概念,而是動與靜之間的關係。〔註6〕

記》所言的「性情」和〈性自命出〉的「性情」,以及陳暘所言之「性情」皆同義,「性」皆為天生之本性,只有與外物接時才會顯現出「情」,「情」是「性」的外部表現,均以情感為「情」的主要內涵,《禮記‧樂記》的「情」以「和」為目標,而〈性自命出〉篇以真誠為目標。因此在這裡能明確區別出「性」與「情」的差異,「性」是天生具備與生俱有的本性,當與外物接觸時,才會從內而外顯露出「情」,意即,「性」的外部呈現與表露就是「情」,「性」不見物則無「欲」,而是因「情」而有所貪求。

〔註6〕《禮記‧樂記》中產生的性善與性惡的爭論,陳暘在其《樂書》中並無作詳盡論述,但從其主張「復性」思想得部分可以得知,陳暘是主張性善的。關於《禮記‧樂記》中的性善與性惡的爭論,許多當代學者皆提出意見;如鄒華在〈郭店楚簡與《樂記》〉一文中,言郭店楚簡與〈樂記〉俱倡性惡論,因荀子提出性惡說法較早,因此《樂記》「就應該存在著關於性惡的理論,因為認人性為惡的看法,應當是古代人性論的最基本、最一般的觀點。」並以《荀子‧性惡》去佐證「人生而靜,天之性也。感於物而動,性之欲也。」為性惡說,其言〈樂記〉:「即使不直接用『性惡』來概括,其與禽獸相似的本質,至少已經說明了它的非善。」但是否「性惡論」必然是「性」概念的唯一解答?其次,雖說《禮記‧樂記》成書年代較《荀子‧樂論》晚,〈樂記〉必定有受其影響,但〈樂記〉中有包含不同於〈樂論〉之觀點,能否無法正視其異,而以《荀子‧樂論》和《禮記‧樂記》內容之雷同,據以荀子的學說直接帶入〈樂記〉的作者之說?兩者的相似之處是否能夠說〈樂記〉所言之「性」就為「惡」?再者,與禽獸相似的本質如予以解釋為生存的最低需求,那麼求生存的吃、喝、睡等欲望是否就必然是非善?再者,郭店楚簡與上博楚簡〈性自命出〉篇中並無性惡論的根據,倘若〈性自命出〉篇作者所倡為「性惡論」,那麼「性自命出,命自天降」的核心命題將無法解釋。因此作者以為鄒華誤解郭店楚簡中「性情」之義,並以《荀子》去佐證〈樂記〉「性」觀念的一番詮釋,可能過分推論。另,諸學者如余進江、張德文等人認為:〈樂記〉之「性」與告子的「生之謂性」(性無善惡)意涵較為相近,然則作者卻認為並沒有更多強而有力的證據去支持此論點,因為〈樂記〉中遇外物而生喜惡之「情」,雖然可能善也可能惡,但是「情」有好惡並不代表「性」的無善惡。作者按:「夫民有血氣心知之性,而無哀樂喜怒之常,應感起物而動,然後心術形焉。」「德者,性之端也。樂者,德之華也。」「是故先王本之情性,稽之度數,制之禮義。合生氣之和,道五

「人心」有兩種狀態，一為「靜」，即「性」，天賦而來；二為「動」，即「情」，與外物接時所發。陳暘以〈中庸〉之內容說明，故言：

> 今夫去心以感物，雖動猶靜，由心以感物，無靜而非動；無靜而非動，則物足以撓之，其能不形於聲乎？……。攝動以靜，則喜怒哀樂未發而為中，則性也，君子不謂之情；離靜以動，則喜怒哀樂中節而為和，則情也，君子不謂之性。……。凡此六者非性之正也，感於物而後動，則其情而已。乃若其情，則能慎其所以感之，窮人心之本，知六者之變。……。哀樂喜怒敬愛，感物之序也。禮運言：
> 喜怒哀懼愛惡欲，自然之序也。（《樂書‧卷八》）

陳暘言：「在天有性命之理，在人有性命之情。命不可變，性不可易。」（《樂書‧卷二十一》）引《傳》言「性」，重申：「性者，生之質，是本先於根而存乎道，質先於幹而存乎性。」（《樂書‧卷十二》）並引《易》之解：「利貞者，性情也。」「性主靜，情主動。」

> 先王因人性而制禮，緣人情而作樂，雖出於人性而天地之序實在焉，雖本於人情而天地之和實在焉。（《樂書‧卷八十四》）

然「樂」所涵之「情」，雖是「情」，卻是「修身養『性』」的存養本性之道；陳暘言：「禮樂之情，非無情也，其情不過合敬而已。」（《樂書‧卷二十一》）

常之行，使之陽而不散，陰而不密，剛氣不怒，柔氣不懾，四暢交於中而發作於外，皆安其位而不相奪也；然後立之學等，廣其節奏，省其文采，以繩德厚。律小大之稱，比終始之序，以象事行。使親疏貴賤、長幼男女之理，皆形見於樂，故曰：『樂觀其深矣。』上述三段〈樂記〉的引文對於性惡論提出反駁：第一，人生而有「血氣心知之性」而「無哀樂喜怒之常」，與「性」感於物而動「有哀樂喜怒之常」的「情」，「無哀樂喜怒之常」的「性」是否能解讀為無善惡之「性」？雖說「情」有好惡，亦有哀樂喜怒之常，那是因為心外接於物，但「性」「無哀樂喜怒之常」是否就能反推回去為：「性無善惡」？第二，在第二段引文中，說明「德」為「性」之「端」，若依照性無善惡的說法，「德」如何能為「性之端」？第三，「先王」本著人之「情性」，考制禮樂之節度，使合生氣之和，以五常之行通達人情，如若「性」無善惡，「情」有好惡，那麼「先王」制樂依據無善惡或是有善惡之情性？若「先王」自身的「性」亦無善惡，所制之樂如何能善？如何能使「移風易俗，天下皆寧」？因此作者以為，雖然〈樂記〉中並沒有明顯提出對於「性」之善惡的說法，但其中的「性」在實質意義上是具有「善」的意涵的可能性，否則「性」無法從「理」而來，亦或者是「理」賦予人「性」具有惡的可能性，如此「性」與「理」便不是一組相對的概念，更遑論〈樂記〉中所言：「滅天理而窮人欲」的對立；再者，若是「性」具有善的可能性，「情」因「欲」而有善有惡，亦可解釋。關於此論點，作者與孫長祥於〈身體與情感──《樂記》中的身體思維〉一文的觀點是相近的。

「情」乃人之所不免，而「樂」亦由「情」出，但即使人心為「動」之狀態，陳暘指出：「因性復命，因情復性」（《樂書‧卷三十七》），因此為陳暘而言，由「樂」之「情」可復「性」，由「性」可復「命」，即「禮」與「樂」是殊途同歸，旨於復靜養性。

三、欲

而「欲」所指涉的是「情」之「過」與「不及」，尤其是「過」，陳暘言：「過則失序矣。」人不停地與外物接觸，每一次與外物接，並且有所感，「情」的好惡就產生了；若人並不節制此「情」的好惡，每每被外在欲望所誘惑，並且從之，放恣情欲，不能節制自省，其天生清靜之本性不彰顯，而窮極人的貪求欲望，於是遂有為滿足欲望而損人利己的行為產生。因此需要「禮」作為規範，而以「樂」作為將「禮」陶冶內化的方法之一，其重點在於「合情制欲」，以及「德」的培養。〈樂記〉中舉出一個「酒」的例子，說明「人情不能免」，然核心在於是否能控制感官上「欲」的享受，而達至「和」的心境與表現：

> 夫豢豕為酒，非以為禍也，而獄訟益繁，則酒之流生禍也。是故先王因為酒禮，壹獻之禮，賓主百拜，終日飲酒而不得醉焉；此先王之所以備酒禍也。故酒食者所以合歡也；樂者所以象德也；禮者所以綴淫也。（《禮記‧樂記》）

豢養豬狗作酒本以饗宴祭祀為目的，並非要產生什麼禍亂，但無法控制欲望的人酗酒作亂，鬥爭殺傷，所以先王為此作飲酒之禮。酒食合歡也，人情不能免，但有禮來規範、綴淫，便不會有過或不及的形況。另外亦言，美食與音樂亦並非為「欲」而服務，其言：

> 是故樂之隆，非極音也。食饗之禮，非致味也。……。是故先王之制禮樂也，非以極口腹耳目之欲也，將以教民平好惡而反人道之正也。（《禮記‧樂記》）

美食並非滿足口腹之欲，音樂亦不是滿足感官享受，這些都不是為「欲」而服務，故先王制禮樂為道德的規範標準。「酒」、「食」、「樂」都是「人情不能免」，如沒有「情」，人生將會平淡無味，但是「過」又會造成欲望橫流、禍亂叢生的現象。陳暘注曰：

> 德為禮樂之本，禮樂為德之文。樂之隆，在德不在音，非極五音之

鏗鏘而已；大饗之禮，在德不在味，非致五味之珍美而已。知樂意
所向，非在乎極音者也，且得無遺音乎；知禮意所向，非在乎極味
者也，且得無遺味乎。（《樂書・卷十》）

禮樂的本質並非為「形式」，而是出自於合乎人性的「情」，目的在於防患於
未然的「防其淫侈、救其凋敝」。〈樂記〉即言：「君子樂得其道，小人樂得其
欲。以道制欲，則樂而不亂；以欲忘道，則惑而不樂。」「樂」亦是自然的「人
情」，只是君子樂於得仁義之道，小人樂於得欲望之滿足，雖「樂」而不亂，
有其標準和規則，「酒」、「食」、「樂」並非為「欲」而服務，人因有「情」而
能有「欲」，但「過」與「不及」是人把持與拿捏的分寸，喜怒哀樂敬愛等「情」
皆要受約束和規範，因而「和」成為更加重要與核心的觀念。陳暘以：「蓋樂
者，根之人心，本之情性。」為前提，導出有具有真摯情感、合於節度的「情」，
才是真正的「和」、真正的「樂」：

人生而靜，天之性也，率之則為道。感物而動，人之情也，徇之則
為欲。君子所樂，樂得其性而已；小人所樂，樂得其情而已。故言，
以道制欲是順性也，故樂而不惑；以欲忘道，是犯性者也，故惑而
不樂。（《樂書・卷十八》）

「樂」亦有等級之分，可是要能夠盡量克制自己的欲望，不無所限制地為
所欲為，作欲望的主人，而非欲望是我們的主人，那麼我們就需要「和諧」
與「秩序」，因此「禮」與「樂」是一種規範與標準，幫助我們「合情」卻
不會「過」與「不及」，「禮」規範外在行為，而「樂」修養內心，這是一
組不可分割的概念。這個部份作者將於本書第五章第一節音樂道德修養論
中再詳作討論。

四、復性說

據《禮記・樂記》：「夫物之感人無窮，而人之好惡無節，則是物至而人
化物也。人化物也者，滅天理而窮人欲者也。於是有悖逆詐偽之心，有淫泆
作亂之事。……物至知知，然後好惡形焉。好惡無節於內，知誘於外，不
能反躬，天理滅矣。」因物之感人無窮，人的欲望就無窮，每與外物接觸，
人的情欲就想得到滿足，無所節制、無所不為便是將人跟從欲望的腳步所役
使，鄭注曰：「外物來至，而人化之於物，物善則人善，物惡則人惡，是『人
化物也』。……人既化物，逐而遷之，恣其情欲，故滅其天生清靜之性，而窮

極人所貪嗜欲也。」其天生清靜之本性不彰顯,而窮極人的貪求欲望,於是遂有為滿足欲望而損人利己的行為產生。陳暘言:

> 平其好惡而使人各當其分,則情有所若矣,反人道之正而使人止於
> 一,則性有所復矣。……。好惡無節於內至於滅天理而窮人欲,不
> 能平好惡之患也。(《樂書·卷十》)

因此陳暘主張「復性」,「復性」並非「滅情」,「情」乃自然而有,僅能「慎其所以感之」;「復性」即人心保持在「靜」的狀態,靜則「萬物無足以撓之」,其指出:「因性復命,因情復性」(《樂書·卷三十七》),並言:

> 物之所者,歸根而復靜。樂也者,性之不可變者也;禮也者,理之
> 不可易者也。……。生之質,是本先於根而存乎道,適吾之性,何
> 憂之有?……。人生而靜,天之性也,率之則為道,感物而動,人
> 之情也。……。天命之謂性,率性之謂道,得道之謂德。德為性之
> 端,則道其性之本。(《樂書·卷三十六》)

關於陳暘提出「復性」之思想,有一些思考脈絡可以依循;首先是《易·復》:「復其初」的內涵,其次是《老子·十六章》言:「歸根曰靜,靜曰復命,復命曰常,知常曰明。」更有韓愈、李翱等人提出「復性」,以及王安石的《道德經注》:「命者,自無始以來未嘗生、未嘗死者也。故物之歸根曰靜,靜則復於命矣。」陳暘認為「性」是與生俱有之,為「生之質」,因此按其自然而為之,即道之體現,「復性」即「歸根復靜」,因人心原是「靜」,即「性」,而人心與外物接時,乃若其「情」,但卻能避免「情」對人意念的主導,「靜,安性命之理;動,安性命之情。」雖然動靜皆得宜,但不動情而復性確是更高一層的體悟與境界。

荀子的《樂論》和《禮記·樂記》內容雖然極度相似,然在漢儒的增補修訂定後,顯然於心性論已有觀念上產生些微出入之處。而陳暘以〈樂記〉的心性論觀點,以道德主體的心性論為主軸,加上老子「歸根復命」的自然主體作為註腳,說明了「性命」的自然與本然,發揚《易傳》「窮理盡性,以至於命」的想法,並且和〈大學〉主「靜」的特點極為相符。再者,其思想脈絡和〈中庸〉「天命之謂性,率性之謂道」的論述一致;「性」從生從心,由「性」往前推論到「命」,指出有「命」才有「性」的必然關係,即「天命之謂性」。而「命」從口從令,由天賦予,〈大雅〉言:「有命自天」,「命」即是由「天」向下垂降的一條繩索,人以盡性知命向上攀爬,而到達天人合德

的狀態，即天人合一的道德意志；「天」由「性命」下貫人與物，而人則循「性命」而上與天合，即呼應陳暘其自以《易》所言之「元亨利貞」。由於陳暘省略了這個部分的推論過程，或者，是其認為思想中自然或應然的部分，因此作者在此試圖為其說明之。

第二節　音樂根源問題

　　既然音樂可往形上向度溯源尋根，由「人心」逐步推論至「天」，由「樂自天作，禮以地制」的命題說明「天」的內涵；然而「天」並非為終極原因與原理，只是作為一個形上歸屬，陳暘的目的是要進一步論述「以道寓器，以器明道」的命題，說明「道」乃是終極原則原理與規律性，正因如此，形上的「道」與形下的「器」並非斷裂的，而是「體」與「用」的兩個面向。經由形下把握形上，才能回頭肯定形上為形下之本根。本章節的標題——「音樂的根源問題」——即音樂形上學的問題，陳暘《樂書》直指音樂根源問題的起點：「樂出於虛」，而「虛」的內涵與意義是無形的，直指「道」的觀念，相對於「實」的有形的「器」。在大化流行，亦指出「陰陽」二氣與「五行」的運作；而後論及「陰陽五行」作為一種基本的形式象徵，如何承載形上一連串的概念而落實至形下世界，形下世界成為形上世界的載體，並且由於所有存在的同質性，連結所有存在之間的關係，形成宇宙論之結構。此根源問題，不僅是陳暘對於形上學問題的一個終極答案，亦是作為其音樂理論的基礎。

一、「樂自天作，禮以地制」

　　「樂自天作」的命題，是陳暘由形下往形上推論之過程而得之結論，此命題藉由「樂」貫串了形上與形下的世界，最終推至「天」，停留在形上世界，乃一垂直向度；「禮以地制」的命題，顯示出形下世界的倫理規範，關切的乃是橫面向度。在《樂書·卷二十八》中說：「天可以兼地，地不可以兼天；猶形而上者可以言器，形而下者不可以言道。」陳暘用「以天兼地」維繫住了垂直和橫向的兩個向度，如此使「天人合一」的境界成為可能，人之「德」亦才有形上基礎作為其支撐。「易有太極，是生兩儀」「一陰一陽之謂道，繼之者善也，成之者性也。」（《易·繫辭上》）「昔者聖人之作《易》也，幽贊於神明而生蓍，參天兩地而倚數，觀變於陰陽而立卦，發揮於剛柔而生爻，

和順於道德而理於義，窮理盡性以至於命。」（《易·說卦》）陳暘承襲《易》的傳統，奠基於「一陰一陽之謂道」（《易·繫辭上》）的形上學基礎上，陳暘賦予「樂」一個形上的根源。

　　承上一章節中，陳暘最終主張人心要回歸「靜」的狀態——即「復性」；「性」由「命」來，「命」由「天」所決定，此一根據乃是陳暘秉持〈中庸〉之立場：「天命之謂性，率性之謂道。」因而陳暘可以將「樂」的形上根源歸屬於「天」，其言：「樂由天作，其來自乎陽；禮以地制，其作自乎陰。……。樂由陽來，而聲為陽氣；禮由陰作，而昏為陰義。」（《樂書·卷五》）因此「樂由天作」即成為其音樂形上學的命題。將「天地」與「禮樂」兩組觀念安放於藉由陰陽二氣成和交通的說明之中，禮樂即是陰陽之承載的形式之展顯。陳暘言：

> 樂由天作，禮以地制。別而言之，樂者，天地之和；禮者，天地之序。合而言之，自其別言之。樂由陽來，天道也；禮由陰作，地道也。天覆萬物，施其德以養之，與而不取，故曰：樂也者，施也；地載萬物，因其材而長之，與而取之，故曰：禮也者，報也。……。猶易所謂闢戶謂之乾，闔戶謂之坤也。樂施而有報，禮報而有施，猶易所謂一闔一闢謂之變也。（《樂書·卷二十》）

「樂由天作，而其道尊；禮以地制，而其道親。」（《樂書·卷十一》）「天」主「和」、職「覆」，天道為尊；「地」主「序」、職「載」，地道為親。「天」以陰陽二氣化生萬物，乃為一無意志之「施」的行為，而因「樂由天作」，「樂」亦成為由天所施；而「地」作為萬物的載體，乃為一「報」的行為，而「禮由地制」，「禮」即成為地之所報。天地二者一覆一載、一施一報，猶《易》所謂的一闔一闢為「變」——即大化流行，二氣感應和合，亦即「天行健」與「地勢坤」之詮釋。宇宙萬物莫不由「天」的陰陽二氣交通成合而來，其言：

> 天以至陽而職氣覆，地以至陰而職形載。樂由天作，而至陽之氣存焉；禮以地制，而至陰之形存焉。……。蓋樂有聲而無形，作之以應天，則聲氣同故也；禮有形而無聲，制之以配地，則形體異故也。……。一陰一陽之謂道，麗乎一陽者，其道為乾；麗乎一陰者，其道為坤。（《樂書·卷十四》）

陳暘在詮釋其思想時，皆以「一陰一陽之謂道」為主軸，「天」即是以陰陽為

其規律作為基礎；陰陽本身並非為二元對立或矛盾之概念，而為一組相對概念之概念，以其作為形式可以用於說明宇宙萬物，並且使一切流轉變化得以合理解釋。而陰陽在漢儒雜揉了五行思想後，陳暘也一併地接納了，構成了他的氣化宇宙論。在天與地之間的萬物，其陰陽觀念皆為相對的，吾人可以理性認識，但絕對的陰陽觀念僅於天地二者，吾人才以得見；「天五為至陽，地六為至陰」〔註7〕，樂由天作因而具有至陽之氣，而禮以地制因承載而有至陰之形，此一至陰一至陽為抽象的形上概念。而至陰至陽的抽象概念，乃是無形，而以陰陽二氣和合而成的萬物，則必是有形；有形載無形，無形化有形。陳暘言：

> 地氣不上隮，則肅肅之陰何以出乎天？天氣不下降，則赫赫之陽何以發乎地？兩者交通成和，一上一下，陰陽所以相摩也；一先一後，天地所以相蕩也。……蓋陰陽之氣運行乎天地之間，其相薄也，感而為雷，激而為霆；其偏勝也，怒而為風，和而為雨，雷霆以震之。凡物之有聲者，莫不鼓矣，風雨以潤之；凡物之有心者，莫不奮矣。一噓為春夏，一吸為秋冬，四時之行也。有以動化之，或循星以進退，或應日以死生，日月之運有以煥煊之如此，則一寒一暑、一晝一夜而百昌之化興焉。然則樂有不為天地之和邪？莫神於易，莫明於禮。微之而為乾坤，顯之而為禮樂，其所以同異詳略亦相為表裏而已。（《樂書‧卷十四》）

分析至最終，至陰至陽乃是天地，即乾坤〔註8〕。而陰陽的發顯，在人身上即是禮樂，陳暘言：「道之在天為陰陽，在人為禮樂。」（《樂書‧卷五》）而禮樂的歸根究柢，乃是來自於陰陽；故陳暘言：「然非陰陽，吾無以見禮樂。」（《樂書‧卷五》）據此，以「陰陽」貫徹「天地」與「禮樂」兩組觀念，意即「樂由天作，禮以地制」的命題憑藉「陰陽」的觀念得以成立。至此，顯而易見，陳暘的宇宙論以《易》中的觀念為本，發展以陰陽的盈虛消長說明「天」之運行，而「天」則依據什麼運行？即為「道」。此論點異於其師王安石的說法，王安石主張天與道是合而為一的，二者為一，即宇宙之本原，並

〔註7〕見《易‧繫辭》：「天一地二，天三地四，天五地六，天七地八，天九地十。天數五，地數五，五位相得而各有合。天數二十有五，地數三十，凡天地之數五十有五。」

〔註8〕參見《易‧繫辭》：「乾，陽物也；坤，陰物也。陰陽合德，而剛柔有體；以體天地之撰，以通神明之德。」

將天人之間的關係割裂，主張天人相分〔註9〕。然陳暘的「天」與「道」的內涵意義不同，「天」雖作為化生萬物的形上歸屬，然更進一步卻存在著「道」──即終極原理原則、自然的秩序性與規律性。陳暘的「天」並非「道」，「天」的運作亦必須遵守或依循「道」而運行；因此「天」具有一層面及程度意義上的自然天，不再作為人格天或意志意義的天，而是含有化生、弘大和德化意涵的「天」。如此一來，「天」具有宇宙本原的意涵和客觀必然性，但又不似介甫所說的「天人相分」。其曰：

> 天五地六，天地之中和也。……。一陰一陽之謂道；天法道，其數參而奇。……。地法天，其數兩而偶。……。人法地，則以同而異此。（《樂書·卷四》）

卷一百中亦重申「人法地、地法天、天法道」，顯然是以道家老莊的語言詮釋「一陰一陽之謂道」，僅作為註腳，但並非是道家的形上學理論，因此所言不同於介甫；介甫是將儒道雜揉融合，轉化成儒家的形上學。而《樂書》二百卷中亦引用不少揚子釋《易》之《太玄》協助說明，由《易》為主軸，《太玄》為輔，援引老莊為其註腳，故陳暘則並未跳脫儒家傳統形上學的框架之中，顯為儒家形上學傳統的繼承。〔註10〕

〔註9〕見王安石《臨川文集》，卷六十四：「夫天之為物也，可謂無作好、無作惡，無偏無黨，無反無測，會其有極，歸其有極矣。」卷六十五：「天地無所勞於萬物，而萬物各得其性；萬物雖得其性，而莫知其為天地之功也。」卷七十五：「有陰有陽，新故相除者，天也；有處有辯，新故相除者，人也。」《老子注》：「道有體有用，體者，元氣之不動；用者，沖氣運行於天地之間。其沖氣至虛而一。在天，則為天五；在地，則為地六；蓋沖氣為元氣之所生，既至虛而一，則或如不盈。」據此，王安石所言之「道」為本體，即道體；陰陽二氣為道之用，道有體有用，乃指道之體為元氣，道之用是陰陽二氣相互激盪之沖和之氣。元氣為未分之時的不動本體，沖氣為已分之後的能動之陰陽兩氣，故曰沖氣為元氣之所生。體用就氣之渾沌與分殊言，在本體論或宇宙論的建構上，則成為一客觀肯定之實有形態的實體。

〔註10〕朴素晶（So-Jeong Park）於《哲學與文化》第 41 卷 8 期頁 159～173，2014 年 8 月發表〈莊子音樂論之後世影響──以宋代陳暘《樂書》及朝鮮雅樂討論為例〉一文中認為，陳暘在儒家為正統的基礎上，以莊子的論點補充儒家樂論，並且深刻接受莊子的批判，嘗試改造儒家樂論；然作者以為，僅能視陳暘以莊子之言為儒家樂論註解，為己備書，而非補充，況陳暘亦引如《淮南子》、《呂氏春秋》等之言，不可簡易歸納為僅以莊子論點補充之；其二，朴氏謂「深刻接受莊子的批判與改造儒家樂論」一說，在《樂書》全文中陳暘並未提倡莊子對於音樂之言，亦未接受其觀點而欲改造儒家樂論，而是以「正之」、「還原古制古法」維護正統雅樂，「改造」一說尚須商榷。

「人之生也，比形天地以成體，受氣陰陽以成性。」（《樂書·卷六》）形下之器必有形，由陰陽二氣和合而來；人與萬物皆秉受陰陽二氣，僅因秉受的氣不同，因而產生了差異，但就本質而言，仍是陰陽二氣。陳暘言：

> 人之受命於無，莫不具五形之氣成形於有，莫不備五行之聲。氣異，異聲，聲異，異歌，歌異，異宜。（《樂書·卷三十一》、《樂書·卷一百五十二》）

人秉受陰陽二氣，樂由天作，「樂」亦秉受了陰陽二氣，「律」和「呂」即是陰陽的呈顯，沖氣以為和故能達到「中」的穩定，亦即「樂」的表準與典範——「中和」。陳暘引老子「萬物負陰而抱陽，沖氣以為和」及「道生一，一生二，二生三，三生萬物」詮釋之，而陰陽和合的「三」即為「樂」。其言：

> 蓋道生一則奇而為陽，一生二則偶而為陰，二生三則陰陽之中交通成和而為沖氣，是樂成於三者，沖氣以為和，中聲所止而不流者也。
> 然樂不徒作，必有禮以節之。（《樂書·卷五十六》）

故言：「樂也者，道天地沖氣之和，所以合天地之化，百物之產者也；故其大，與天地同和其妙。」（《樂書·卷三十六》）雖然儒家「禮」、「樂」並提，但陳暘刻意將「禮」限於形下世界，作為放諸四海皆準的秩序與規範，而將「樂」的地位提高至形上，以及形上與形下的過渡與銜接點；然「樂」又不可無所依憑或為所欲為，因而必有「禮」節之，彼此相輔相成，卻又相互約制。陳暘仍是企圖維持「禮」與「樂」在地位上的平衡，亦即維持「陰」與「陽」的平衡，重申其「樂由天作，禮以地制」的命題。

據此，人可依憑陰陽二氣與其他物類相為感應，因人與天地萬物皆具有同質性，「禮出於天地之性，樂出於天地之命。」（《樂書·卷九十》）如此，垂直向度的超越——「天人合一」才有其可能。陳暘曰：

> 人生天地之間一氣之消息，一體之盈虛，未嘗不與陰陽流通，與物類相為感應。律也者，述陰陽之氣數，通物類之終始。（《樂書·卷八十二》、《樂書·卷一百九十八》）

而如何以音樂作為修養自我、提升境界的問題，作者於此不加贅言，留待後續本書第五章「音樂之價值學向度」中的「音樂之美學向度」探討之。

二、「以道寓器，以器明道」

「天」作為陳暘形上的歸屬，其終極目的在於說明「道」，陳暘的道器論

乃其形上學中極其重要之部分；「道」並非一實體，而是一自然規律，此規律
的詮釋來自於《易》生生不息的概念，因此陳暘的「道」有「天道」、「地道」、
「人道」、「樂道」、「仁道」、「智道」等，「道」於不同的「器」的發顯上亦有
所異，但總的言之，不出一個「道」，如卷五所說：「道之在天為陰陽，在人
為禮樂。」「道」囊括了所有其他的「道」，而此無所不包的「道」亦作為「天
道」、「地道」、「人道」、「樂道」、「仁道」、「智道」等「道」之基礎。其言：

> 律呂之器，寓於陰陽，陰陽之數，周於十二。陽六為律，陰六為呂，
> 其本於黃鐘一也。……。以道寓器，以器明道，夫然後天下得以因
> 器會道，中心悅而誠服矣。(《樂書・卷六》)

律呂之本於黃鐘，即陰陽之本於天，道器之間具有相互依存之關係；「道」既
非作為一實體，無法獨立而存，必須憑藉載體「器」以呈顯自身，因「器」
無「道」不存，「道」無「器」不顯，道不離器，器以載道。道器論的起源由
《易・繫辭》：「形而上者謂之道，形而下者謂之器」為濫觴，將「有形」與
「無形」一刀二分作了區隔：形上視而不可見、觸而不可及，是虛、是無，言
「體」——即「道」；形下視而可見、觸而可及，是實、是有，言「用」——即
「器」。陳暘言「樂由天作」，故樂必是出於虛，故言：

> 樂出於虛，藏於無；天地麗於實、形於有。實必受命於虛，有必受
> 命於無。(《樂書・卷二十九》)

樂有「樂道」與「樂器」，樂器以明樂道，即以律呂之器明陰陽之道，然又「非
陰陽吾無以見禮樂」，若無形上理論基礎的支持，即「道」不在「器」中，吾
人也無從見道或得道，「器」也僅僅是無任何意義的「器」。即，樂並非只存
在於形上抑或形下世界，「樂」即是「樂」，樂本身即是體亦是用，其體——
「樂道」與其用——「樂器」本無二致，「樂」是超越形上與形下二分的，甚
至是無限向度的。陳暘改造了《老子》中的話而言：

> 樂之道，推而上之以觀其妙，斯為天地之命；推而下之以觀其徼，
> 斯為中和之紀。(《樂書・卷二十九》)

道無形，必使有形載之，如書冊琴瑟等介質，器物之設，乃先王以「形而上
者之道寓形而下者之器」(《樂書・卷一○三》)，「明道之象以制器，即器之體
以寓象。」(《樂書・卷九十三》)。陳暘曰：

> 道雖不在書策，而學道者必始於書策；道雖不在琴瑟，而樂道者必
> 始於琴瑟。古之所謂先生者，非為其長於我也，為其聞道先乎吾而

> 已；聞道先乎吾，吾從而師之，不特見其人而尊敬之也。雖先見其
> 載道之書策，樂道之琴瑟，亦必尊而敬之，非敬書策琴瑟而已，所
> 以敬道也。（《樂書・卷一》）

雖如此說來，「道」與「器」之間有著若且唯若之邏輯關係，然就陳暘的理論
結構上而言，「道」的地位仍舊是高於「器」的，其言：

> 禮出於天地之性，而玉帛特禮之物而已？樂出於天地之命，而鐘鼓
> 特樂之器而已？物不徒設，必有難知之義存焉；器不徒制，必有寓
> 意之象存焉。是禮雖不在玉帛，然非玉帛無以致其義；樂雖不在鐘
> 鼓，然非鐘鼓無以明其象。……。因物以致義，得義物可忘；因器
> 以明象，得象器可忘。（《樂書・卷九十》）

得其義與象，物器皆可忘，與《莊子・外物》中所言：「荃者所以在魚，得魚
而忘荃；蹄者所以在兔，得兔而忘蹄；言者所以在意，得意而忘言。」如出
一轍。本道制器、因器會道，義象為體、物器為用；故言其原則上「道」高
於「器」。如上述所提：「天可以兼地，地不可以兼天；猶形而上者可以言器，
形而下者不可以言道。」因而，「道」與「器」的銜接與落實，遂憑靠陰陽與
五行觀念作為一個中介，成為形上根據奠基的一個課題。

三、五行

由《易・繫辭》為濫觴，將陰陽觀念與天道結合在一起，此與道德形上
學相關。但陰陽為氣的觀念出現之後，即具備宇宙論的意義；此氣化宇宙觀
開始於戰國時代，而完整於漢儒，以陰陽為萬物之本的思想，即由此氣化的
陰陽觀念的基礎上發展出來的，並且毫無衝突地和儒家的形上思想融合。陰
陽氣化流行說明形上的觀念於形下的世界運行的法則，然僅憑靠陰陽二氣的
變化以說明，尚仍稍嫌虛無飄渺，因此五行的觀念加入之後，更能具體化說
明「器」變化運動及屬性特性。於此，陰陽與五行用以說明儒家形上學已是
一種集體共識；特別是魏晉以降，大部分的儒士皆採納這樣的一種說法，並
且視之為理所當然，直至清末民初對儒家的反動而產生的異議。

關於「五行」的起源，陳暘採用前人的說詞，認為是「（黃帝）五聲既調
然後作五行。」（《樂書・卷一百一十》）即推溯至黃帝；但由於資料的匱乏，
因而必須更詳加解釋以達說服之效，故陳暘以「數字」——即「五行」的「五」
開始進行論述，人不僅僅是和天地及萬事萬物具有陰陽二氣的同構性與同質

性，和「五」這個數的本身亦有極大的關係。其言：

> 樂以中聲為本，土於為中央為氣，為沖氣而籥之為器，又所以通中
> 聲者也。……。人之生也，比形天地以成體，受氣陰陽以成性，……，
> 因時循理以順陰陽之數哉。（《樂書·卷四》）

> 人之生也，鍾五行之秀氣，其出為五言之永律，必和五行之聲。蓋
> 詠以永為體，永以詠為用。（《樂書·卷七十五》）

而因「三才相通而有感」（《樂書·卷九十五》）天地人三才的「三」加上陰與
陽二氣的「二」，即得數為「五」；此合理性來自於前人對於天地自然的現象
以及人事活動的觀察，而這些觀察似乎得到一些規律性。並認為「五行」是
認識一切的方法，即為「窮理之至」（《樂書·卷八》）。其云：

> 天地人之數以三成，以五備。故天統三辰五星於上，地統三極五行
> 於下，人統三德五事於其中。（《樂書·卷二十七》）

> 古人之制聲律，蓋皆有循而體自然，不可得而損益者也何則？五聲
> 在天為五星，在地為五行，在人為五常。（《樂書·卷一百零三》）

> 在天運而為五樂，在地列而為五行，在人竅則為五臟，則中聲所止，
> 無往不在。（《樂書·卷一百零五》）

而陳暘以《易》中數字的詮釋用以解釋五行的具體內容──「木、火、土、
金、水」五個元素或局面，說明五臟──肝心脾肺腎、五聲──角徵宮商羽、
五事──君臣民事物、五德──仁義禮智信、五方──東南西北中，與其相
對應的關係，並將五行對應的各種形式和型態仔細比對：

> 玄，天道也；黃，地道也。天道用九，而九者陽數之窮也；地道用
> 六，而六者陰數之中也。（《樂書·卷六十四》）

> 凡物動而有聲，聲變而有音。易曰：天數五，地數五，則五聲者，
> 天地之道也。傳曰：人者，統八卦，諧八音，舞八佾，以終天地之
> 功，則八音者，人之道也。樂通倫理而三才之道具矣。（《樂書·卷
> 九十五》）

> 天五與地十合而生土於中，其聲為宮；地四與天九合而生金於右，
> 其聲為商；天三與地八合而生木於左，其聲為角；地二與天七合而
> 生火於上，其聲為徵；天一與地六合而生水於下，其聲為羽。天數
> 五奇，地數五偶，奇偶相資而五聲成焉。蓋宮商角徵羽五聲之名也，

君臣民事物五聲之實也。(《樂書‧卷九》、《樂書‧卷九十五》)

凡樂生於音，而人心存焉；凡音生於人心，而情性係焉。故其音角者，情喜而性仁；其音商者，情怒而性義；其音徵者，情樂而性禮；其音羽者，情悲而性智；其音宮者，情恐而性信。則自人有血氣心知之性，以至五者之音作，而民應之無非本之情性也。……。今夫至陽赫赫，至陰肅肅；赫赫應乎地，肅肅出乎天，兩者交通咸和而物生焉，生氣之和也，樂有以合而同之。宮動脾而和正信，商動肺而和正義，角動肝而和正仁，徵動心而和正禮，羽動腎而和正智，五常之行也，樂有以道而達之。……。然人之情性，在禮為中和，在易為利貞；利貞，天德也；中和，人道也。《樂書‧卷十六》)

五聲本身是概念，八音則是「寓於器」的五行之「五」加上三才之「三」的理論呈顯，因此在抽象的數字理論上的運算，再對應現實世界中的種種，並且有一所有存在都具備陰陽二氣同質性的大前提之下，加以前人對於理論的加強，陳暘更是對五行理論堅信不疑。其言：

凡音之起，由人心生也，妙有以通八卦之德顯，有以類萬物之情。(《樂書‧卷六十六》)

三才之道，參和為沖氣，五六之數，一貫為中合，故參兩合而五聲形焉，參伍合而八音生焉，二六合而十二律成焉。其取數雖多，要之會歸於中而已。是樂以太虛為本，而聲音律呂又以中聲為本也。

(《樂書‧卷九十六》)

所以古之聖人「文以五聲，播以八音」，「究極中和，順天地之體，合鬼神之德，通五行之性，遂萬物之情者也。是故上古聖人本陰陽別風聲審清濁，鑄金作鐘，主十二月之聲，效升降之氣，立和適之音。」(《樂書‧卷一百二十一》)中國古人對於音樂的研究，大致上並非科學式的研究，而是奠基於數字理論以及感官上的感性認識，因此陳暘引《傳》中對於五聲音階給人的感受的說明，加強自己在五行及五音理論上的詮釋：

傳曰：聞宮音使人溫舒而廣大，聞商音使人方正而好義，聞角音使人惻隱而愛人，聞徵音使人樂善而好施，聞羽音使人整齊而好禮。宮亂而君驕，失溫舒廣大之意也；商亂而官壞，失方正好義之意也；角亂而民怨，失惻隱愛人之意也；徵亂而事勤，失好施而為之之意也；羽亂而財匱，失好禮而節之之意也。(《樂書‧卷九》)

樂之於天下，寓之節奏為五聲，著之文采為五色。蓋聲出於脾合口而通之，謂之宮聲；出於肺開口而吐之，謂之商聲；出於肝而張齒湧吻，謂之角聲；出於心而齒合吻開，謂之微聲；出於腎而齒開吻聚，謂之羽聲。宮，土也，其性員而居中，故主合，有若牛之鳴窈者矣；商，金也，其性方而成器，故主張，有若羊之離群者矣；角，木也，其性直而崇高，雁主湧，有若雉之鳴木者矣；微，火也，其性烈而善燭，故主分，有若豕之負駭者矣；羽，水也，其性潤而澤物，故主吐，有若馬之鳴野者矣。五聲之於樂，近取諸身以盡性，遠取諸物以窮理，如是則節奏合為文采，莫不離比成文而不亂矣。

（《樂書‧卷十八》）

五行的觀念起源亦甚早，和五聲更是有密不可分的關係，於早期經典如《尚書》、《左傳》、《國語》中皆可窺見一二。〔註11〕「地以五行，所以生殖也。」（《國語‧魯語上》）五行作為一種說明世界宇宙萬物生息的規律和形式，一開始起於對世界的認識，起源極早，零星地散佈於《管子》、《墨經》、《史記》、《漢書》、《禮記》〔註12〕等各典籍中，而無系統性的專著；如同先蘇哲人提

〔註11〕《尚書‧洪範》：「五行，一曰水，二曰火，三曰木，四曰金，五曰土。水曰潤下，火曰炎上，木曰曲直，金曰從革，土爰稼穡。潤下作鹹，炎上作苦，曲直作酸，從革作辛，稼穡作甘。」《左傳‧昭公元年》：「中聲以降，五降之後，不容彈矣，於是有煩手淫聲，惛堙心耳，乃忘平和，君子弗聽也，物亦如之，至於煩，乃舍也已，無以生疾，君子之近琴瑟，以儀節也，非以惛心也，天有六氣，降生五味，發為五色，微為五聲，淫生六疾，六氣曰陰，陽，風，雨，晦明也，分為四時，序為五節。」《左傳‧昭公二十年》：「王之濟五味，和五聲也，以平其心，成其政也，聲亦如味，一氣，二體，三類，四物，五聲，六律，七音，八風，九歌，以相成也，清濁大小，長短疾徐，哀樂剛柔，遲速高下，出入周疏，以相濟也，君子聽之，以平其心，心平德和。」《左傳‧昭公二十五年》：「夫禮，天之經也，地之義也，民之行也，天地之經，而民實則之，則天之明，因地之性，生其六氣，用其五行，氣為五味，發為五色，章為五聲，淫則昏亂，民失其性，是故為禮以奉之，為六畜，五牲，三犧，以奉五味，為九文，六采，五章，以奉五色，為九歌，八風，七音，六律，以奉五聲。」《國語‧周語上》：「服物昭庸，采飾顯明，文章比象，周旋序順，容貌有崇，威儀有則，五味實氣，五色精心，五聲昭德，五義紀宜，飲食可饗，和同可觀，財用可嘉，則順而德建。」

〔註12〕《管子‧五行》：「昔黃帝以其緩急，作五聲，以政五鍾。令其五鍾，一曰青鍾，大音，二曰赤鍾，重心，三曰黃鍾，灑光，四曰景鍾，昧其明，五曰黑鍾，隱其常。五聲既調，然後作立五行，以正天時。五官以正人位，人與天調，然後天地之美生。」《墨經》：「五行毋常勝，說在宜。……五，

出「地、水、火、氣」的四元素說，印度的《奧義書》中也提出「梵」創造
了五大：「地、水、火、風、空」，這些元素詮釋宇宙琳瑯滿目的萬物，及其
生成變化的原理。而後漢儒用其於政治、社會、哲學、科學等方面，使陰陽
五行之說對中國傳統文化的影響極為廣泛而深遠，亦有一層神秘而無法揭露
的面紗。而至漢代五行思想已臻完整，較完整的論點見於漢儒《呂氏春秋》、
董仲舒及其學派的《春秋繁露》、劉安《淮南子》及《白虎通義》，「五」這個
數字已和所有事物作起更多的聯結〔註13〕。《黃帝內經》中更具完整的五行思
想系統，並且發展出一套「五音入五臟」的音樂治療思想：如音活血脈、五

〔註13〕　金水土木火離。然火鑠金，火多也。金靡炭，金多也。金之府水，火離木。」
　　　　《史記・曆書》：「黃帝考定星曆，建立五行，起消息。」《漢書・藝文志》：
　　　　「五行者，五常之形氣也。《禮記・月令》：「某日立春，盛德在木，……，
　　　　迎春於東郊。某日立夏，盛德在火，……，迎夏於南郊。某日立秋，盛德
　　　　在金，……，迎秋於西郊。某日立冬，盛德在水，……，迎冬於北郊。……
　　　　中央土。」
　　　　《呂氏春秋・孝行》：「養有五道：修宮室，安床第，節飲食，養體之道也。
　　　　樹五色，施五采，列文章，養目之道也。正六律，龢五聲，雜八音，養耳之
　　　　道也。熟五穀，烹六畜，龢煎調，養口之道也。龢顏色，說言語，敬進退，
　　　　養志之道也。此五者，代進而厚用之，可謂善養矣。」《春秋繁露・五行之義》：
　　　　「天有五行，一曰木，二曰火，三曰土，四曰金，五曰水。木，五行之始也；
　　　　水，五行之終也；土，五行之中也；此其天次之序也。……。五行之隨，各
　　　　如其序；五行之官，各致其能。是故木居東方而生春氣，火居南方而生夏氣，
　　　　金居西方而生秋氣，水居北方而生冬氣；是故木主生而金主殺，火主暑而水
　　　　主寒。」《白虎通義・五行》：「五行之性，或上或下何？火者，陽也，尊故上。
　　　　水者，陰也，卑故下。木者少陽，金者少陰，有中和之性，故可曲可直，從
　　　　革。土者最大，苞含物，將生者出，將歸者入，不嫌清濁為萬物。……。五
　　　　行所以二陽三陰何？尊者配天，金木水火，陰陽自偶。」《淮南子・墜形訓》：
　　　　「音有五聲，宮其主也；色有五章，黃其主也；味有五變，甘其主也；位有
　　　　五材，土其主也。是故煉土生木，煉木生火，煉火生雲，煉雲生水，煉水反
　　　　土。煉甘生酸，煉酸生辛，煉辛生苦，煉苦生鹹，煉鹹反甘。變宮生徵，變
　　　　徵生商，變商生羽，變羽生角，變角生宮。是故以水和土，以土和火，以火
　　　　化金，以金治木，木得反土。五行相治，所以成器用。」《淮南子・原道訓》：
　　　　「是故視之不見其形，聽之不聞其聲，循之不得其身；無形而有形生焉，無
　　　　聲而五音鳴焉，無味而五味形焉，無色而五色成焉。是故有生於無，實出於
　　　　虛，天下為之圈，則名實同居。音之數不過五，而五音之變，不可勝聽也；
　　　　味之和不過五，而五味之化，不可勝嘗也；色之數不過五，而五色之變，不
　　　　可勝觀也。故音者，宮立而五音形矣；味者，甘立而五味亭矣；色者，白立
　　　　而五色成矣；道者，一立而萬物生矣。」《淮南子・天文訓》：「二陰一陽成氣
　　　　二，二陽一陰成氣三，合氣而為音，合陰而為陽，合陽而為律，故曰五音六
　　　　律。音自倍而為日，律自倍而為辰，故曰十而辰十二。」

臟相音、五音入五臟、樂與藥通等觀念〔註14〕。種種典籍的回顧與提出，主要是因陳暘接受了先哲的五行學說，並採納先哲將五行之說融入儒家的形上學說中，並將其繼承與外推；且於典籍中可窺，五行之規定與五行對應的關係如出一轍，因此可清楚地構出這一套認識與說明世界的形式，亦由此可見五行和音樂的之間關係，仍是出於陰陽二氣而具有同質和互通之性。五行理論為陳暘音樂理論中的重要一環，乃因五行理論是其用於奠基支持五聲音階的有力論述，然而其真正的癥結與問題，留待下一章「音樂之藝術哲學向度」中詳加討論。

〔註14〕《黃帝內經‧素問‧陰陽應象大論》：「其在天為濕，在地為土，在體為肉，在藏為脾，在色為黃，在音為宮，在聲為歌，在變動為噦，在竅為口，在味為甘，在志為思。思傷脾，怒勝思；濕傷肉，風勝濕；甘傷肉，酸勝甘。西方生燥，燥生金，金生辛，辛生肺，肺生皮毛，皮毛生腎，肺主鼻。其在天為燥，在地為金，在體為皮毛，在藏為肺，在色為白，在音為商，在聲為哭，在變動為欬，在竅為鼻，在味為辛，在志為憂。憂傷肺，喜勝憂；熱傷皮毛，寒勝熱；辛傷皮毛，苦勝辛。北方生寒，寒生水，水生鹹，鹹生腎，腎生骨髓，髓生肝，腎主耳。其在天為寒，在地為水，在體為骨，在藏為腎，在色為黑，在音為羽，在聲為呻，在變動為慄，在竅為耳，在味為鹹，在志為恐。恐傷腎，思勝恐；寒傷血，燥勝寒；鹹傷血，甘勝鹹。故曰：天地者，萬物之上下也；陰陽者，血氣之男女也；左右者，陰陽之道路也；水火者，陰陽之徵兆也；陰陽者，萬物之能始也。故曰：陰在內，陽之守也；陽在外；陰之使也。」

第四章　音樂之藝術哲學向度

　　作者於本章探討陳暘《樂書》中所提出的藝術哲學之理論，主要有兩個部份：第一部份為音樂學以及音樂理論的問題——「辨四清、明二變」，說明此理論基礎並探悉「四清二變」音樂學與樂理基礎的問題，並且將其樂律的根本問題作一處理。

　　「辨四清、明二變」可由此得知，此形下之音樂學理論乃是緊扣形上之原理而來，為形上與形下之相通，即「道」與「器」，道器之間有「意」與「象」之存，由形下之「器」抽取歸納出「意象」，再由此「意象」吾人可沿此脈絡上攀而至形上之「道」。五聲八音為器、五行八卦為象，「象」與「器」同以「載道」，並可銜接形上與形下兩個世界，使形下之器按「意象」作為運行法則，終歸直指「道」。根據三分損益法自然得出對應五行之五聲，而樂律遵從「意象」而為，這樣的推論使陳暘反對二變與七聲音階（含有以變宮、變徵為主調根音之兩調式）；而「四清」乃為一個八度中之十二個音，加上超過一個八度的四個半音清聲，但為了與「意象」的「五行」相對應，陳暘犧牲了既存事實而力拒四清，顯為掩耳盜鈴之論，並將其問題歸咎於「工師之附益」。

　　樂律紛紛之根本問題乃起於度量衡之「相對」與「絕對」之問題；樂律之爭早由漢代便起，至北宋時雅樂六度置廢，而陳暘抱持陳規墨守古制之「黃鐘九寸」，然此「九寸」之問題與結論僅由「黍」為天地自然之物而得，顯然逃避了朝代更迭或度量衡改制的問題，即度量衡標準的絕對性問題；雖於古代，「黍」為相對穩定之作物，但仍存在不少難以解決的變動因素，無科學證明之論，是好讀書而不求甚解之舉，亦無根本性地解決樂律之問題。

　　第二部份則是關乎鑑賞論與批判理論，亦涉及中國華夏中心文化之論題

——「雅胡俗之論辨」。因此本章作者將從文化角度探討，指出陳暘對於鑑賞理論與批判理論的標準與論題。「雅胡俗之論辨」此議題又可細分為「華夷」與「雅俗」之間的相對問題——即「華夷之辨」及「雅俗之辨」；至此陳暘對於音樂之討論範圍更為擴大，不單僅是文化問題，更是關乎審美標準、民族與文化認同，以及社會階層之問題。

其中探討中國的「華夷」——「我」與「他者」的民族與文化的身分認同問題，作者以《春秋》為討論之出發點，並以「禮」此一文化行為作為「華」與「夷」之區分標準。而「雅樂」作為「華夏」文化的正統代表，需維持其純正及其優越地位，對於胡夷之樂主要使用於外交，力摒胡夷音樂之元素進入或影響雅樂，並以雅樂之「中和雅正」的精神與特色試圖更化各地民情風俗，使四方來服，使「華夏」這個文化的想像共同體能更為擴張。

其次是「雅俗之辨」，雅俗之分本身帶有審美意識、文化意識、政治意識、階級意識與價值判斷——一種主觀和次主觀的價值判斷。陳暘認為以俗害雅主要有三個原因：漢代樂府廣納民謠而受俗文化之影響、唐代胡樂之盛而以胡入雅、北宋宮廷之中來自民間的「歌工樂吏」以俗害雅。合而言之即歸咎於一主要原因：雅樂經時間嬗變，而因人為因素導致去雅甚遠。總而言之，雅樂、胡夷之樂、俗樂三者需各得其位、各司其職，俗樂與胡夷之樂萬不可入雅、干雅，使雅樂失去其華夏民族之純粹性、正統之代表性、政治指標性、社會階級性，與「中和雅正」之精神象徵性，及以此為標準的審美價值判斷。

第一節　音樂學及樂理基礎：辨四清、明二變

一、五聲八音

陳暘既以「道」作為形上之基礎，「陰陽」與「五行」則為形上落實於形下世界的運行法則，即萬事萬物皆奉此規律而遵行之，而由萬事萬物之中亦可窺見陰陽五行之原則，進而又可一探形上根源之奧秘，即「道」與「器」之間，有「意」與「象」之存。樂器遵行著自然——即「樂道」運行，樂器之中實可見樂道，即五聲八音乃樂之「器」，卻不僅為樂之器，亦可見其中之「象」，而即可透過「象」達「意」，能知樂器中實有「樂道」存焉。陳暘言：

> 循乎道之序，君子以成焉；明乎樂之序，君子以終焉。圖之以著制
> 器之象，論之以明尚象之意，故先同律次五聲，又次以八音，而以

歌舞終之，此樂之大凡也。大象無形，大音希聲，故五聲之象而非
大象也，八音樂之器，而非大音也；大象大音同冥於太虛之妙。蓋
將載道而與之俱矣，庸詎不為樂之本歟？（《樂書・卷九十六》）

五聲為器，五行為象；八音為器，八卦為象。「器」為具體，「象」為抽象，
象與器同以載道，呈顯道之存，並且承接與落實「道」之運行。《周易》曰：
「立象盡意」、「制器者尚象」，《禮記・樂記》言：「聲，樂之象也。」揚雄道：
「作者貴其有循而體自然也。」陰陽五行作為萬事萬物之象，是吾人認識萬
事萬物而抽取出的普遍性與法則，即道之運行，因此「萬物人事非五行不生，
非五行不成，非五行不滅。」（《樂書・卷一〇七》）於音樂中觀之，陳暘將五
聲以依循五行為象之規則，因此五聲與五行即有對應之關係，而五行和其他
的萬物亦有對應關係，如此五聲即和萬事萬事具有同質性與同構性的對應關
係。陳暘將五聲仔細說明，並將對應關係講得亙明，作者將此段文獻整理出
對應表格以便閱讀對照：

一曰宮：是五聲之本出於黃鍾九寸之律為宮，而宮之為聲，以時言
之，位四時之中；以聲言之，為四聲之綱，猶之宮室之宮居中而覆
乎四隅也。其聲則和平厚重洪舒而最濁，猶牛之鳴卯也。其數五，
成數十，絲數八十一，應九九之數也。其時季夏，其日戊己，其辰
辰戌，其生金，其勝水，其行土，其味甘，其臭香，其色黃，其臟
脾，其性信，其情恐，其事思，其主唱聲，調則廣裕，亂則荒驕，
君之象也。

二曰商：商，金也。其數四，成數九，絲數七十二，其濁次乎宮，
其聲明以敏，其和溫以斷，其律中夷則，其日庚辛，其辰辛酉，……，
其時秋，其方酉，其生水，其勝木，其味辛，其臭腥，其色白，其
臟肺，其性義，其情怒，其事言，其主和聲，調則凝敏，亂則陂壞，
臣之象也。

三曰角：角，木行也。其數三，成數八，絲數六十四，清而不皎濁
而不潤，其聲防以約其和潔以淨，其律中太簇，其日甲乙，其辰寅
卯，……，其時春，其方東，其生火，其勝土，其味酸，其臭羶，
其色青，其臟肝，其性仁，其情喜，其事貌，聲調則圓徹亂則憂恐，
民之象也。

四日徵：徵，火行也，其數二，成數七，絲數五十四，其清踰於商，其聲泛以疾，其和平以切，其律中仲呂，其日丙丁，其辰巳午，……，其時夏，其方南，其生土，其勝金，其味苦，其臭焦，其色赤，其臟心，其性禮，其情樂，其事視，聲調則流演，亂則哀勤，事之象也。

五日羽：羽，水行也，其數一，成數六，絲數四十八，其清踰於徵，其聲散以虛，其和短以抑，其律中應鍾，其日壬癸，其辰子亥，……。其時冬，其方北，其生木，其勝火，其味鹹，其臭朽，其色黑，其臟腎，其性智，其情悲，其事聽，聲調則平和，亂則危匱，物之象也。(《樂書‧卷一○七》)

五行	土 冲氣 天五地十	金 陰中 地四天九	木 陽中 天三地八	火 陽正 地二天七	水 陰正 天一地六
五位	中	西（右）	東（左）	南（下）	北（上）
五色	黃	白	青	赤	黑
五事	思	言	貌	視	聽
五臟	脾	肺	肝	心	腎
五聲	宮	商	角	徵	羽
五德（性）	信	義	仁	禮	智
五象	君	臣	民	事	物
五用	重	敏	經	迭	抑
五情	恐	怒	喜	樂	悲
五臭	香	腥	羶	焦	朽
五時	季夏	秋	春	夏	冬
五味	甘	辛	酸	苦	鹹

「自其變成方，言之謂之五聲；自其比音而樂，言之謂之五樂。其實一也。」(《樂書‧卷一○七》)「今夫三才之道參和為冲氣，五六之數一貫為中合，故參兩合而五聲形焉，參伍合而八音生焉，二六合而十二律成焉。其取數雖多，要之會歸於中而已。」(《樂書‧卷九十六》)陰陽的「二」、三才的「三」、五聲五行的「五」、六律六呂的「六」、八音八方的「八」，這些數字代表著萬事萬物抽象的「多」，而在此「多」之中，「道」的一可以統攝此「多」，而並非執著在於數字本身，故曰：「法存道器而道棄精微」、「要之會歸於中而

已」、「聲不過五，非樂之道也，樂之象而已；音不過八，非樂之象也，樂之器而已。」（《樂書‧卷一〇五》）「器」雖多，然器中有「象」；「象」雖多，終歸直指於「道」。音樂亦同，「樂器」雖多，然其中有「樂象」；「樂象」的「數」雖多，然若不直指「樂道」，再多的樂器與樂象，其本身亦為徒勞。陳暘言：

> 八音之於樂，象為八卦，位為八方，氣為八風，中為八極，其數一本中和之五，沖氣之三，以導中聲而已。……。蓋八音之於樂，一音不備不足以為樂。以用言之，未有不比音；以體言之，未有不比物。故金石以動之，絲竹以行之，革木以節之，匏以宣之，瓦以贊之。……。八音樂之器而樂非器也。蓋亦冥於非器之器，載道而與之俱矣。（《樂書‧卷一〇六》）

八音以「用」而言乃為演奏，即比音之器；八音以「體」言之，即為樂器之材料：金、石、絲、竹、革、木、匏、瓦（土），雖八音為樂之器，但非僅僅為器，非器之器乃在於其「象」——八卦，可對應八方、八風與八極等，如同五行對應五聲、五臟、五色、五情等形式。陳暘言：

> 樂出於虛而寓於實，出於虛則八音同冥於道，寓於實則八音各麗其器，器具而天地萬物之聲可得而考矣。故萬物盈於天地之間，若堅、若脆、若勁、若韌、若實、若虛、若沉、若浮，皆得效其響焉，故八物各音而同和也。（《樂書‧卷一〇六》）

虛寓於實、形上寓於形下的規則，即合乎道的運作與準則；「器」比音、比物後，再比陰陽、比五行、比八卦的「象」，陰陽五行與八卦比「道」，如此由形下之器中實可窺見形上之道。樂由天作，由形上落實形下，此為一條由上而下之道；以器比象、以象比道又是一條由下而上之道，如此形上行下密不可分，體用不二。陳暘堅守中國音樂奠基於五聲八音十二律的立場：

> 《周官‧大司樂》：「以六律、六同、五聲、八音、六舞、大合樂。」
> 《大師》：「掌六律、六同，以合陰陽之聲。陽聲：黃鐘、太簇、姑洗、蕤賓、夷則、無射。陰聲：大呂、應鐘、南呂、函鐘、小呂、夾鐘。皆文以五聲，宮、商、角、徵、羽。皆播之以八音，金、石、土、革、絲、木、匏、竹。」由是觀之，六律、六同所以考五聲，五聲所以成八音，八音所以節六舞。故先王作樂，先之以律同，繼之以五聲，成之以八音，終之以六舞。……三才之道參和為沖氣，

> 五六之數一貫為中合，故參兩合而五聲形焉，參五合而八音生焉，
> 二六合而十二律成焉。其取數雖多，要之會歸於中而已。(《樂書·
> 序》)

由此，不難理解陳暘之哲學理論如何確立，且因其如此根深柢固之思想脈絡，
進一步滲透其樂學思想，而有反對四清二變之意見。

二、樂律癥結

在談論四清二變之前，必先討論中國之樂律即樂學原理。陳暘所認定之
樂學原理即以上述所論之兩條進路而來，對其而言乃為牢不可破之真理；而
因此對於「五」與「八」數字的「象」具有堅持，亦即其反對七聲音階——
即二變（變宮與變徵）之理據。而中國之樂律本身亦有不同流派之各自主張，
因此，由陳暘自身提出一個大哉問：為何「論律紛紛」之疑問，並探詢其原
因與根源。

（一）三分損益法（五度相生）

目前已知最早之樂律計算方式見於《管子·地員》所載之三分損益法（亦
稱「隔八相生」、「五度相生律」）：

> 凡聽徵如負豬豕，覺而駭。凡聽羽如鳴馬在野，凡聽宮如牛鳴窌中，
> 凡聽商如離群羊，凡聽角如雉登木以鳴，音疾以清。凡將起五音，
> 凡首，先主一而三之。四開以合九九，以是生黃鐘小素之首以成宮，
> 三分而益之以一，為百有八，為徵，不無有三分而去其乘，適足，
> 以是生商，有三分而復於其所，以是成羽，有三分去其乘，適足，
> 以是成角。

由宮數三的四開（即三的四次方）以合九九（九乘以九）之數，為正律宮數
八十一；由八十一先益再損得一〇八之數，此為倍律徵之數，即為高八度之
徵音；再以一〇八之數損一下得七十二，此為正律之商音；再以此數益一下
得九十六，此為倍律之羽音；最後由羽數九十六損一下，得六十四的正律角
音。而《呂氏春秋》[註1]、《淮南子》[註2]與《史記·樂書》中的算法則是

〔註1〕《呂氏春秋·季夏紀·音律》：「黃鐘生林鐘，林鐘生太蔟，太蔟生南呂，南
　　　呂生姑洗，姑洗生應鐘，應鐘生蕤賓，蕤賓生大呂，大呂生夷則，夷則生夾
　　　鐘，夾鐘生無射，無射生仲呂。三分所生，益之一分以上生；三分所生，去
　　　其一分以下生。黃鐘、大呂、太蔟、夾鐘、姑洗、仲呂、蕤賓為上，林鐘、

先損而後益：

> 九九八十一以為宮。三分去一，五十四以為徵。三分益一，七十二
> 以為商。三分去一，四十八以為羽。三分益一，六十四以為角。黃
> 鐘長八寸七分一，宮。大呂長七寸五分三分一。太簇長七寸七分二
> 角。夾鐘長六寸一分三分一。姑洗長六寸七分四羽。仲呂長五寸九
> 分三分二徵。蕤賓長五寸六分三分一。林鐘長五寸七分四角。夷則
> 長五寸四分三分二商。南呂長四寸七十分八徵。無射長四寸四分三
> 分二。應鐘長四寸二分三分二羽。

以九九八十一為正律宮數，先損一下得正律徵數五十四，五十四再益一下得
正律商數七十二，七十二再損一下得正律羽數四十八，四十八益一下得正律
角數六十四。與《管子・地員》如出一轍，以「宮」開始損益，其次得出「徵」，
再得「商」，繼得「羽」，最後得「角」。而陳暘採用的計算法乃是此種「先損
後益法」，其言：

> 黃鐘九寸其數八十一（宮數），林鐘六寸其數五十四（徵數），太簇
> 八寸其數七十二（商數），南呂之數四十八（羽數），姑洗之數六十

夷則、南呂、無射、應鐘為下。大聖至理之世，天地之氣，合而生風，日至
則月鐘其風，以生十二律。仲冬日短至，則生黃鐘。季冬生大呂。孟春生太
簇。仲春生夾鐘。季春生姑洗。孟夏生仲呂。仲夏日長至，則生蕤賓。季夏
生林鐘。孟秋生夷則。仲秋生南呂。季秋生無射。孟冬生應鐘。天地之風氣
正，則十二律定矣。」

〔註 2〕《淮南子・天文訓》：「以三參物，三三如九，故黃鐘之律九寸而宮音調，因而
九之，九九八十一，故黃鐘之數立焉。黃者，土德之色；鐘者，氣之所鐘也。
日冬至德氣為土，土色黃，故曰黃鐘。律之數六，分為雌雄，故曰十二鐘，以
副十二月。十二各以三成，故置一而十一，三之，為積分為十七萬七千一百四
十七，黃鐘大數立焉。凡十二律，黃鐘為宮，太簇為商，姑洗為角，林鐘為徵，
南呂為羽。物以三成，音以五立，三與五如八，故卵生者八竅。律之初生也，
寫鳳之音，故音以八生。黃鐘為宮，宮者，音之君也。故黃鐘位子，其數八十
一，主十一月。下生林鐘。林鐘之數五十四，主六月，上生太簇。太簇之數七
十二，主正月，下生南呂。南呂之數四十八，主八月，上生姑洗。姑洗之數六
十四，主三月，下生應鐘。應鐘之數四十二，主十月，上生蕤賓，蕤賓之數五
十七，主五月，上生大呂。大呂之數七十六，主十二月，下生夷則。夷則之數
五十一，主七月，上生夾鐘。夾鐘之數六十八，主二月，下生無射。無射之數
四十五，主九月，上生仲呂。仲呂之數六十，主四月，極不生。徵生宮，宮生
商，商生羽，羽生角，角生姑洗，姑洗生應鐘，比于正音，故為和。應鐘生蕤
賓，不比正音，故為繆。日冬至，音比林鐘，浸以濁。日夏至，音比黃鐘，浸
以清。」

四（角數）。應鍾之數四十二，蕤賓之數五十七，大呂之數七十六，夷則之數五十一，夾鍾之數六十七，無射之數四十五，仲呂之數六十，可得而類推矣。（《樂書‧卷一〇一》）

三分損益法得完五音之後，若繼續損益兩次即得變宮與變徵二音，然變宮數（應鍾）為四十二又三分之二、變徵數（蕤賓）為五十六又九分之八，再繼續損益可得十二律之各音，然卻無法再得任何一音為整數，甚至計算至最後得出的下一個倍律宮數──清黃鍾宮音亦非整數，即和黃鍾宮音兩者不是八度關係，即中國樂史上的大難題：「黃鍾不能還原」，此為轉調（旋相為宮）上的一大缺點。陳暘上述的說明甚至將非整數的音化整為零，實為好讀書而不求甚解之舉；仲呂之數六十再益一下，得八十之數，回不到黃鍾宮音的八十一，故一調需一器，十二律為不平均律，根本問題亦無得到解決之法。當然陳暘亦無法解決這個問題，十二不平均律此一大難題直到明代朱載堉時才得見解決〔註3〕。

（二）四清二變的批判

陳暘對樂律之見明確且顯然堅持五聲音階之說：

今夫古樂之發，六律固正矣，而後世四清與焉，律之所以不正也；五聲固和矣，而後世二變與焉，聲之所以不和也。（《樂書‧卷二十四》）

對五聲音階、八音、十二律、三分損益法的復古強調，意即反對七聲音階、六十律與三百六十音，更加反對三分損益法運算之應用超過一個八度與十二個半音。「二變」的原則來自於五聲音階，上述已言明，五聲音階的主張乃在於主調根音的使用，並非不使用變宮與變徵二音，只是此二音作為一種點綴

〔註3〕朱載堉（1536～1610年），字伯勤，號句曲山人。明宗室鄭恭王朱厚烷嫡子，明仁宗第二子鄭靖王朱瞻埈之後，明太祖朱元璋的九世孫。明代樂律學家、數學家、物理天文學家、散曲作家，首創著名的十二平均律，其著作有《樂律全書》、《律呂正論》、《律呂質疑辨惑》、《嘉量算經》、《律呂精義》、《律曆融通》、《算學新說》、《瑟譜》等。中國傳統音樂中的樂律，是以三分損益法所得出的，最早見於《管子‧地員》，其所得出的十二個音，雖然彼此間五度及四度音的相對關係是正確的，但在一個八度之中各半音的音高位置並非是等距的，即非平均律，因此不利於音樂的轉調。朱載堉在《律呂精義》、《樂律全書》中提出「新法密率」（即十二平均律），以複雜的數學計算及樂器實驗，其所計算出的十二平均律精確至小數點後25位數，並且實際製造出相應的律管及絃樂器。學者普遍認為其十二平均律的主張最晚於西元1581年即提出。

或過渡性質的音符，因二音本身不穩定的狀態，無法作為主調根音，十二律亦供轉調使用，主要仍以五聲作為旋律；即便樂律上此二音數據的運算精準，然而並非整數，在實際運用及演奏上亦有其困難之處。暘言：

> 五聲者，樂之指拇也；二變者，五聲之駢肢也。駢拇肢指出於形而
> 侈於形，存之無益也，去之可也。二變出乎五聲而淫於五聲，存之
> 無益也，削之可也。（《樂書・卷一〇七》）

「四清」分別為黃鐘清聲、太簇清聲、大呂清聲、夾鐘清聲；一個八度計有十二個半音，而四清聲即超出一個八度的四個半音，陳暘批四清為「傅會石磬十六而妄為之說」，因一調一器，一架編磬或編鐘為合十二律，必為十二座，其言：

> 凡為樂器，以十有二律為之數度，以十有二聲為之齊量，則編鐘編
> 磬不過十二，古之制也。後世加以四清，而先儒有編縣二八之說，
> 不亦誤乎？（《樂書・卷四十九》）

然十六座編磬或編鐘在諸多文獻中的記載與漢代之前出土文物（如曾侯乙墓編鐘）的確能證明其確實存在，多出的四個音即為相對一個八度中的兩個全音與兩個半音；音域一旦超出了八度，即會出現兩個宮聲，再對應五行五事便導致「二君」，而此並不符合陳暘主張的五行之象——即「尊無二上之旨」（《樂書・卷一〇一》），此主張僅為與「五」的形式相符。其言：

> 五聲十二律，樂之正也；二變四清，樂之蠹也。蓋二變以宮為君，
> 四清以黃鐘清為君。事以時作，固可變也，而君不可變；太簇、太
> 呂、夾鐘或可分也，而黃鐘不可分。既有宮矣，又有變宮焉；既有
> 黃鐘矣，又有黃鐘清焉。是兩之也。豈古人所謂「尊無二上」之旨
> 哉！為是說者，古無有也，聖人不論也；其漢唐諸儒傅會之說歟？
> 存之則傷教而害道，削之則律正而聲和。（《樂書・序》）

而其將四清歸咎於「工師附益四清而為之」（《樂書・卷一〇一》），並且主張將古琴之七絃改制為五絃，將之過失全然歸於人為因素，其言：

> 誠損二絃去四清，合先王中琴之制，則古樂之發不過是矣。然四清
> 未去，未全於雅樂矣。（《樂書・卷一百二十一》）

於是陳暘在二變四清的論述上、對於雅樂的修正評論上，因為過於堅持「象」的限制，而犧牲了確實已然存在的四清二變，並極力使其排除在雅樂內涵以外。並稱：「五聲之於樂，猶五星之在天，五行之在地，五常之在人也。」（《樂

書‧卷一○七》）為了符合五行的「象」，而犧牲了早已多元化之音樂開展，此舉顯然是掩耳盜鈴。

陳暘對於前人之見頗具微詞，以下綜合說明陳暘對幾位前人的批判〔註4〕：司馬遷之樂律「下生倍實、上生四實，皆三其法而管，又不專以九寸為法者」（《樂書‧卷一○一》），這樣無絕對標準的主張是司馬遷實驗精神的「好奇之過也」（《樂書‧卷二十一》）。班固「以黃鐘三九之法起十二律」，此為陳暘所支持之古制：「今夫陰陽之聲：上生者，三分之外益一下；下生者，三分之內損一下。陰陽相生，自黃鐘始，而左旋八八為伍管，以九寸為法者。」（《樂書‧卷一○一》）但班固贊同左丘明《國語》中主張之「七音以奉五聲之說」，陳暘認為乃是班固附會左氏而誤解其本意。是「不知左氏所謂七音即八音也」（《樂書‧卷二十四》）之誤，而「今之論律者，區區以是說為言，不亦迂乎？」（《樂書‧卷一○三》）京房〔註5〕在中國樂律上

〔註4〕《樂書‧卷一○一》：「甚哉！諸儒之論律呂何其紛紛邪！謂陰陽相生自黃鐘始，則左旋八八為伍管，以九寸為法者，班固之說也。下生倍實上生四實，皆三其法而管，又不專以九寸為法者，司馬遷之說也。持隔九相生之說，以中呂上生黃鐘，不滿九寸謂之執始，下生去滅，上下相生，終於南事；十二律之外，更增八六為六十律者，京房之說也。本呂覽、淮南王安、蔡邕之說，建蕤賓重上生之議，至於大呂、夾鐘、仲呂之律，所生分等又皆倍焉，鄭康成之說也。隔七為上生，隔八為下生，至於仲呂則孤而不偶，蕤賓則逾次無准者，劉向之說也。……斥京房之說，而以新舊法分度參錄之者，何承天、沈約之說也。校定黃鐘每律減三分而以七寸違法者，隋劉焯之論也。析毫釐之強弱為算者，梁武帝之法也。由此觀之，諸儒之論角立蜂起，要之最為精密者，班固之《志》而已。」

〔註5〕京房（公元前77～前37年），漢昭帝至漢元帝時頓丘人氏，字君明，本姓李，推律自定為京氏。治易，事梁人焦延壽。其說長於災變，好鐘律，知音聲，以考廉為郎。永光、建昭間數上疏。所言屢中。石顯、王鹿充宗疾之出為魏太守。所卒為所中，下獄死。有京氏易傳。《後漢書‧律曆志》：元帝時，郎中京房知五聲之音，六律之數。上使太子太傅韋玄成、字少翁，諫議大夫章，雜試問房於樂府。房對：「受學故小黃令焦延壽。六十律相生之法：以上生下，皆三生二，以下生上，皆三生四，陽下生陰，陰上生陽，終於中呂，而十二律畢矣。中呂上生執始，執始下生去滅，上下相生，終於南事，六十律畢矣。夫十二律之變至於六十，猶八卦之變至於六十四也。宓羲作易，紀陽氣之初，以為律法。建日冬至之聲，以黃鐘為宮，太蔟為商，姑洗為角，林鐘為徵，南呂為羽，應鐘為變宮，蕤賓為變徵。此聲氣之元，五音之正也。故各終一日。其餘以次運行，當日者各自為宮，而商徵以類從焉。禮運篇曰『五聲、六律、十二管還相為宮』，此之謂也。以六十律分期之日，黃鐘自冬至始，及冬至而復，陰陽寒燠風雨之占生焉。於以檢攝群音，考其高下，苟非草木之聲，則無不有所合。

的主張，顛覆古制以管作律的傳統，並且為了將曆法與樂律相通而提出六十律三百六十音。暘曰：「東漢京房性好鍾律，知音聲，（以絃律）作准器」，但京房雖本三分損益法，卻持隔九相生之說：「以中呂上生黃鍾，不滿九寸，謂之『執始』，下生去滅，上下相生，終於『南事』。十二律外更增六八為六十律者。」此說為「溺於七音」（《樂書・卷七十七》），「七聲十二律而具八十四調」（《樂書・卷一〇二》），使「失陰陽大紀，乖律呂之本源也」（《樂書・卷一百二十一》）這樣的主張「無據施之於樂，則不龢。豈非遷就傅會以滋後世之惑？」（《樂書・卷一〇二》）焦延壽因贊同京房之論——「孰謂五聲之外復有變宮、變徵，而十二律之外復有六十律三百六十音。」（《樂書・卷九》）皆是因傅會左氏而不知其「八音虛土，無害為八音」（《樂書・卷二十四》）。

　　梁武帝「析毫釐之強弱為算者。」（《樂書・卷一〇一》）劉向「隔七為上生，隔八為下生，至於仲呂，則孤而不偶，蕤賓則踰次無準者。」（《樂書・卷一〇一》）錢樂之「演京房南事之餘而伸之為三百六十律，日當一管，各以次從者。」（《樂書・卷一〇一》）劉焯〔註6〕「校定黃鍾，每律減三分而以七寸為法者，隋劉焯之論也。」（《樂書・卷一〇一》）何承天〔註7〕、沈約「斥京房之說而以新舊法分度參錄之者。」（《樂書・卷一〇一》）陳暘左批何承天「考正名實之過」，右批沈約「不考經傳之過也」（《樂書・卷一百三十三》）眾人「不知悉據而云」（《樂書・卷一百七十九》）。陳暘對於主張四清的鄭康成及杜預的批判更為強烈，其言：

　　虞書曰『律和聲』，此之謂也。」房又曰：「竹聲不可以度調，故作準以定數。準之狀如瑟，長丈而十三弦，隱閒九尺，以應黃鍾之律九寸；中央一弦，下有畫分寸，以為六十律清濁之節。」房言律詳於歆所奏，其術施行於史官，候部用之。

〔註6〕劉焯（公元544～610年）北魏隋時信都人，字士元，開皇中舉秀才，射策甲科，除員外將軍，於國子共論古今滯義，以精博稱。奉敕與劉炫等考定洛陽石經。後與炫議論，深挫諸儒，遂為飛章所謗，除名歸里。煬帝即位，遷太學博士。著有稽極、曆書、五經述議。劉炫與之齊名，時稱二劉。論者以為數百年來，博學通儒，無出其右者。

〔註7〕何承天，生卒不詳。晉廢帝至宋文帝時東海郯人。儒史百家，莫不該覽。歷官皆有建白。性剛愎，武帝時為尚書司部郎，頗以所長侮同列。出為衡陽內史，不能公清。累官御史中丞。文帝每有疑議，必先訪之，望漏淺密旨免官。卒於家。嘗刪并禮論。改定元嘉曆。有文集問世。

> 本呂覽、淮南王安、蔡邕〔註8〕之說，建蕤賓重上生之議，至於大
> 呂、夾鍾、仲呂之律所生分等，又皆倍焉者，鄭康成之說也。⋯。
> 鄭康成曰：鐘磬二八在一虡為一堵，杜預曰：縣鐘十六為一律，而
> 後世四清之聲興焉，是亦傅會漢得石磬十六遍就而為之制也。服虔
> 一縣十九鐘之說，不亦詭哉？（《樂書‧卷一○一》）

陳暘批鄭康成「種種考究不實」、「此非先王之制也」（《樂書‧卷一百一十二》)）
「泥乎七音之失也，⋯，未純乎雅樂也。」（《樂書‧卷一百二十二》）四清之
說「皆臆論也」（《樂書‧卷五十二》)。為了強調「五」的「象」，其結論以班
固之古制不超過一個八度，應覺其所稱為最古，因而贊之：「諸儒之論角立蠭
起，要之最為精密者，班固之志而已。」

（三）根本問題——度量衡

樂律必考尺度標準，但樂律之難題在於尺度以相對性而非絕對性，僅有
數字作為律學之基礎，而無衡量的絕對標準。古人以作物「黍」之長度為衡
量尺度的方法，「一黍之廣，度之九十分，黃鐘之長。一為一分，十分為寸，
十寸為尺，十尺為丈，十丈為引，而五度審矣。」（《漢書‧律曆志》）然尺度
的標準來自於「黍」的縱橫長度，農作物受時空環境影響甚鉅，更況每經朝
代更迭，旋又立新曆法、訂定新的度量衡與雅樂，因而對於尺度與樂律的訂
定爭議紛亂不休。但陳暘對於以黍度量和樂律的主張在於崇尚自然，律、曆、
度、量、尺皆出於自然：

> 此黃鐘所以為律本，而律又為萬事之本也。蓋律以竹為管者，天生
> 自然之器也；以黍為實者，天生自然之物也；以天生自然之物實天
> 生自然之器，則分寸之短長、容受之多寡、聲音之清濁、權衡之輕
> 重，一本之自然，而人為不預焉。此中和之聲所以出而大樂所以成
> 也。（《樂書‧卷九十六》）

〔註8〕蔡邕（公元132～192年），漢順帝至漢獻帝時陳留人，字伯喈，性至孝，三世
　　　同居。少博學，好辭章數術天文，妙操音律，善鼓琴，歷遷議郎。嘉平中與楊
　　　賜奏定六經文字，自書冊鐫碑，立於太學門外。會災異數見，應詔上封事，為
　　　程璜所構，詔下獄詰狀，論減死一等，髡鉗徙遠方，明年赦還。亡命江海，
　　　後董卓辟之，稱疾不就，卓怒，切敕州郡舉邕，邕不得已至。三日三遷，後拜
　　　左中郎將。卓誅，邕在司徒王允坐，言之而歡，有動於色，允怒，收付廷尉，
　　　邕乞黥首刖足，續成漢史，不許，士大夫多矜救之，不能得，遂死獄中。有獨
　　　斷、蔡中郎集。

早於漢代時便起樂律之爭，據文獻所載，文人至少對雅樂有過三次的考正——京房、劉歆〔註9〕與蔡邕〔註10〕：因三分損益法運算十三次後，仍回不到黃鐘音，京房遂推算至六十律、三百六十音，以配干支及曆法，專注於算數之術，並主張不以管律為準，而以絃律定準；劉歆用銅斛尺定律準：「度者，……，本起黃鐘之長。以子穀秬黍中者，一黍之廣，度之九十分，黃鐘之長。一為一分，十分為寸，十寸為尺，……。其法用銅。」（《漢書·律曆志》）《隋書·律曆志》載：

> 蔡邕銅籥尺後周玉尺，實比晉前尺一尺一寸五分八厘。從上相承，
> 有銅籥一，以銀錯題，其銘曰：「籥，黃鐘之宮，長九寸，空圍九分，
> 容秬黍一千二百粒，稱重十二銖，兩之為一合。三分損益，轉生十
> 二律。」祖孝孫云：「相承傳是蔡邕銅籥。」……。後因修倉掘地，
> 得古玉斗，以為正器，據斗造律度量衡。因用此尺，大赦，改元天
> 和，百司行用，終於大象之末。其律黃鐘，與蔡邕古籥同。

蔡邕銅籥律所使用尺度和後周玉尺一致，銘文上的記載亦為詳盡。晉人荀勖考《國語》制笛律，晹極為肯定：

> 武帝泰始九年，中書監荀勖校太樂，八音不和，始知後漢至魏，尺
> 長於古四分有餘。勖乃部著作郎劉恭依《周禮》制尺，所謂古尺也。
> 依古尺更鑄銅律呂，以調聲韻。以尺量古器，與本銘尺寸無差。又，
> 汲郡盜發六國時魏襄王塚，得古周時玉律及鐘、磬，與新律聲韻闇
> 同。于時郡國或得漢時故鐘，吹律命之皆應。勖銘其尺曰：「晉泰始

〔註9〕《漢書·律曆志》：「王莽之際，劉歆作三統，追太初前世一元，得五星會庚戌之歲，以為上元。太初曆到章帝元和，旋復疏闊，徵能術者課校諸曆，定朔稽元，追漢三十五年庚辰之歲，追朔一日，乃與天合，以為四分曆元。加六百五元一紀，上得庚申。有近於緯，而歲不攝提，以辨曆者得開其說，而其埓與緯同，同則或不得於天。然曆之興廢，以疏密課，固不主於元。光和元年中，議郎蔡邕、郎中劉洪補續律曆志，邕能著文，清濁鍾律，洪能為算，述敘三光。今考論其業，義指博通，術數略舉，是以集錄為上下篇，放續前志，以備一家。」

〔註10〕《隋書·律曆志》：「及秦氏滅學，其道浸微。漢室初興，丞相張蒼，首言音律，未能審備。孝武帝創置協律之官，司馬遷言律呂相生之次詳矣。及王莽之際，考論音律，劉歆條奏，班固因志之。蔡邕又記建武以後言律呂者，司馬昭統採而續之。炎歷將終，而天下大亂，樂工散亡，器法湮滅。魏武始獲杜夔，使定音律，夔依當時尺度，權備典章。」「三家紛競，久不能決。大和十九年高祖詔，以一黍之廣，用成分體，九十之黍，黃鐘之長，以定銅尺。有司奏從前詔，而芳尺同高祖所制，故遂典修金石。迄武定未有論律者。」

> 十年，中書考古器，揆校今尺，長四分半。所校古法有七品：一曰
> 姑洗玉律，二曰小呂玉律，三曰西京銅望臬，四曰金錯望臬，五曰
> 銅斛，六曰古錢，七曰建武銅尺。姑洗微彊，西京望臬微弱，其餘
> 與此尺同。」銘八十二字。此尺者勖新尺也，今尺者杜夔尺也。(《晉
> 書‧律曆志》)

隋唐時期帝王對胡樂、俗樂和佛教音樂的喜愛，將之納入雅樂之中，唐代以古徵音為雅樂宮音，俗樂宮音更比雅樂宮音高四律，沈括《夢溪筆談》言：「今人苟簡，不復以絃管定聲，故其高下無準，出於臨時。……。唐人樂學精深，尚有雅律遺法。今之燕樂，古聲多亡，而新聲大率皆無法度。……。教坊燕樂，比律高二均弱。……。十二律并清宮，當有十六聲。」陳暘言：

> 自唐以來，雅樂均調法著旋宮一律，五音相生，二變起自黃鐘為始，
> 循於中呂為終。十二律，總十二均音，六十聲，成八十四調，皆漢
> 之京房，晉之荀勖參定，凡十二宮調，并是正宮七聲以歸一律，其
> 正宮聲之下，更無濁音，故五音以宮為尊，釋樂以之為重也。……。
> 然執一器翻曲，轉七調傳聲，致宮徵相疏，五聲不備，是謂鄭衛之
> 音，煩乎淫聲，滔湮心耳矣。……。隋文雖分為雅俗，亦未能去四
> 清二變，此其樂所以未全於中和之紀也。……。誠去四清二變與胡
> 俗之調而作之，庶乎先王之雅樂也。古人有變宮、變徵之說，君子
> 尚且非之，況又有變角之說乎？(《樂書‧卷一百五十六》)

直至韓愈「文起八代之衰，道濟天下之溺」的復古運動，宋太祖趙匡胤承周祚，沿用王朴[註11]所定之雅樂，但「以雅樂聲高，近於哀思，不合中和」，詔和峴「別創新尺，以定律呂，自此雅音和暢」(《宋史‧樂志》)和峴論樂聲之高疑在尺短，并去四清聲，陳暘贊之「曠世舉也」。陳暘言：「聖朝因循唐令，以秬黍之廣為尺調鐘律則暑景。」然太宗趙炅復用教坊樂，教坊樂律更高，並見太宗所製曲皆為胡俗並用；仁宗趙禎命李照考定樂律，李照以水校黃鐘為龠之法，其律較王朴律低二至四律，以十二律不用四清聲制鐘磬，然仁宗覺其太低；陳暘亦評之：「雖適一時之用，其去古遠矣。」「自立一家之說，非古制也。」仁宗後又用阮逸、胡瑗所定之律尺制樂，賜名「大安樂」，然因司馬光與范仲淹的黨爭，使此復古雅樂的焦點受到模糊，後因仁宗遇災

[註11]《五代史‧王朴傳》：「顯德六年，詔朴考正雅樂，朴乃獻所定樂進，帝覽而稱善，命百官議而行之。」

病，罷大安樂而詔禮部侍郎范鎮上新樂，范鎮律更比李照律低一律；李照律、范鎮律不用四清因而受陳暘稱賞：「何其智識之明而遠過於諸子」，但卻仍使用二變；至此北宋的樂律之爭已然可以說是懸而未決之公案。

陳暘《樂書》中絫黍一節言：「樂者，天地之和；律者，道和之氣。」絫黍乃：

> 萬類殊形俱資元氣，眾音異響俱會五聲。聲非效律，律以和聲。……。
> 天地至和之氣所生者也，以和氣所生之絫黍，中聲所成之樂，必假
> 度量衡而為之。聲之清濁、度之長短、量之大小、權衡之輕重，一
> 本於絫黍而已。（《樂書‧卷九十七》）

即認為絫黍非重在縱橫，而在乎得天地沖和氣所生者也；黍真則尺定，尺定則律均，律均則聲調。尺度每朝代皆重定，而黍的縱橫卻是相對世界之中較為絕對的長度，因而以「絫黍度之」求其黃鐘，即不再有樂律之紛爭，並且將雅樂「去四清二變與胡俗之調而作之，庶乎先王之雅樂也。」故陳暘綜歷代以來尺度，本古制思想：「黃鐘九寸」，而以絫黍之法作為衡量標準，雖是對度量衡的問題作了部分逃避，其著眼之處仍僅限音樂。而陳暘抱殘守舊堅守古制「黃鐘九寸」，然此「九寸」之結論僅由「黍」為天地自然之物而得，顯然逃避了度量衡的絕對標準之問題，此處確是好讀書而不求甚解之舉。

第二節　鑑賞論及批判理論：雅胡俗之論辨

此章節探討陳暘《樂書》中的鑑賞論及批判理論，亦涉及中國華夏中心文化價值判斷之基本論題——「雅胡俗之論辨」；「雅胡俗之論辨」此議題又可細分為「華夷」與「雅俗」之間的文化相對問題——即「華夷之辨」及「雅俗之辨」；至此，陳暘將音樂之討論範圍更為擴大，不單僅是文化問題，更是關乎審美判斷、民族文化認同與社會階層之問題。其中探討的「華夷」之別——「我」與「他者」的民族文化的身分認同問題，以《春秋》為討論之出發點，並以「禮」此一文化行為作為「華」與「夷」之區分標準，有「非我族類」團體主觀的價值判斷。而雅樂作為「華夏」文化的正統代表，需維持其純正及其優越地位，對於胡夷之樂主要使用於外交，力摒胡夷音樂之元素進入或影響雅樂，並以雅樂之「中和雅正」的精神與特色試圖化各地民情風俗，使四方來服，而使「華夏」這個文化的想像共同體能更為擴張。

其次是「雅俗之辨」，雅俗之分本身帶有審美意識、文化意識、政治意識、階級意識與團體主觀的價值判斷，陳暘認為以俗害雅主要有三個原因：漢代樂府廣納民謠而受俗文化之影響、唐代胡樂之盛而以胡入雅、北宋宮廷之中來自民間的「歌工樂吏」以俗害雅；合而言之，即歸咎於一主要原因：雅樂經時間嬗變演進，總是人為因素而去雅甚遠。總而言之，雅樂、胡夷之樂、俗樂三者需各得其位、各司其職，俗樂與胡夷之樂萬不可入雅干雅，使雅樂失去其華夏民族之純粹性、正統之代表性、政治指標性、社會階級性，與「中和雅正」之精神象徵性，及以此為標準的審美價值判斷。

一、華夷之分

《尚書·大禹謨》：「無怠無荒，四夷來王。」《論語·憲問》：「微管仲，吾其被髮左衽矣。」《論語·八佾》：「夷狄之有君，不如諸夏之亡也。」《禮記·王制》：「東曰夷，西曰戎，南曰蠻，北曰狄。」《爾雅·釋地》：「九夷八狄七戎六蠻，謂之四海。」中國於很早以前即關注華夷之別，華夷問題核心不單兼攝文化、血緣與地域的概念，更具身份認同之涵義，是一個「想像的文化共同體」，以土地、血緣、共同語言和習俗為對象作為集體的文化想像，指涉著一種集體的身分區別與認同；在與異文化交涉與同化的同時，以「差異性」同時對照出關照異己的自我，更清楚自我文化的限度與框架，並對其內容進行省思。〔註12〕

傳統中國華夷觀念的探討圍繞在《春秋》的思想核心——「尊王攘夷」，《春秋》的華夷之別為一純粹的文化行為論述，因「華」與「夷」之間的界限是以「禮」作為區別：《春秋左傳正義·定公十年》：「中國有禮儀之大，故稱夏；有服章之美，謂之華。」《漢書》亦有言：「夷狄之人貪而好利，被髮左衽，人而獸心，其與中國殊章服、異習俗、飲食不同、言語不通，辟居北垂寒露之野，逐草隨畜、射獵為生、隔以山谷、雍以沙幕，天地所以絕外內地。」韓愈《原道》：「孔子之作《春秋》也，諸侯用夷禮則夷之，夷而進於中國則中國之。程頤亦言：「禮一失則為夷狄，再失則為禽獸。聖人恐人之入夷狄也，故春秋之法極謹嚴；所以謹嚴者，華夷之辨尤切切也。」傳統中國觀念傾向將華夷身分與認同定義為文化身分，即二者之間可以透過文化行為

〔註12〕請參照 Benedict R. Anderson 著，吳叡人譯：《想像的共同體：民族主義的起源與散布》。

——「禮」的改變而有所變動，故華夷概念的主體及詮釋內容皆是游移的、可隨意擴大縮減的，後人延續「普天之下，莫非王土；率土之濱，莫非王臣」〔註13〕的中國傳統觀念。

　　沈括於《夢溪筆談・樂律》中即言胡夷之樂自唐代即流通與盛行，北宋承襲如此風氣，在宮廷與民間皆有受胡夷樂滲透影響之情形：

> 隋柱國鄭譯始條具之均，展轉相生為八十四調，清濁混淆，紛亂無統，競為新聲。自後又有犯聲、側聲、正殺、寄殺、偏字、傍字、雙字、半字之法，從變之聲，無復條理矣。外國之聲，前世自別為四夷樂，自唐天寶十三載，始詔法曲與胡部合奏。自此樂奏全失古法，以先王之樂為雅樂，前世新聲為清樂，合胡部者為宴樂。……。古詩皆詠之，然後以聲依詠以成曲，謂之協律。其志安和，則以安和之聲詠之；其志怨思，則以怨思之聲詠之。（《夢溪筆談・樂律》）

以華夏集體的觀念而言，雅樂是具有純正代表性的文化內涵，聖王應維持雅樂的純正，而對於胡俗之樂則必須給予限度節制，對於胡夷之樂則必須懷有寬大的胸襟去包容接納，使不同功能、不同特色的音樂皆得各司其職，尤胡俗之樂不可僭越其位，雖皆可有所不廢，亦「存之不為益，去之不為損」，但皆不可亂華干雅。陳暘言：

> 太宗雍熙中，惡其亂華樂也，詔天下禁止焉，可謂甚盛之舉矣。然今天下部落，效為此伎者甚眾，非特無知之民為之，往往士大夫之家，亦喜為之。誠推太宗禁止之制，凡朝廷作夷樂，特施於國門之外，以樂蕃使可也，苟用之宴饗，非所以示天下移風俗之意也。（《樂書・卷一百五十八》）

陳暘以宋太宗為例，說明俗樂作為娛樂之功能，而胡夷之樂的功能在於外交時的使用。陳暘以漢明帝作為君王對胡夷之樂的態度之建議，使原本「華夏」或「中國」的文化想像集體之外的族群能夠「去彼適我」：

> 臣嘗觀漢明帝時，北單于來請音樂。詔報曰：「前單于言先帝時賜呼韓邪笭、笙、箜篌皆敗，願復裁賜。」「念單于國尚未安，方屬武節以攻戰為務，笭笙之用不如良弓利劍，故不以齊。朕不受小物於單于也。」然則匈奴亦通用中國樂矣，用華音變胡俗可也，以胡音亂華如之何而可？……。王者，用先王之樂，明有法也；用當代之樂，

〔註13〕見《左傳・昭公七年》。

> 明有制也，用四夷之樂，明有懷也。……。鞮則去毛以為革，有去
> 彼適我之意，而所履者，有是而無非矣。……。四夷之樂舞如之，
> 則其歌可知。先王之於夷樂，雖有所不廢，然夷不可亂華，哇不可
> 干雅。(《樂書‧卷一百二十五、一百二十六》)

雅樂可更化民之風俗、調養民之情性，因而可產生移風易俗之效，另一方面
以期胡夷皆可受「禮」之薰陶而能學習華夏文化；以政治方面言之，亦能使
華夏集體更為廣大強健，各文化團體間亦能互助互利。然雅樂本身卻不可受
胡俗的影響而有所更動，需維持本有的華夏純正，將文化集體想像予以「中
國化」與「正統化」的發展，以將雅樂「中和雅正」的精髓精神推而化民、
深入人心，使民情各異之風俗統齊，而非以夷亂華的本末倒置。陳暘云：

> 後世樂家者流，以其旋宮轉器以應律管。因譜其音為眾器之首，至
> 今鼓吹教坊用之以為頭管，是進夷狄之音，加之中國雅樂之上，不
> 幾於以夷亂華乎？降之雅樂之下，作之國門之外，可也。……。存
> 之有虧中國之制，削之則華音著而胡音息，豈非強中國弱夷狄之意
> 歟！(《樂書‧卷一百三十》)

陳暘特別指出魯公因以天子之姿用四夷之樂而僭禮，由原本華夏的文化集體
身分排除出去，成為蠻夷的定位；相對的，若蠻夷遵從並接受華夏之「禮」
的渲染，可由蠻夷身分進一步成為華夏的一份子，即「夷狄華夏則膺之」，因
而這個華夏文化的想像共同體圍繞於「禮」的核心：

> 以王制推之，被髮文身為東夷，雕題交趾為南夷，衣羽毛為北夷，
> 至於西夷則被髮衣皮而謂西方曰夷，……。魯公僭亂之心非達禮者
> 之言也，竊意魯之俗儒溢美其國而張大之，以欺惑後世歟！(《樂書‧
> 卷一百二十六》)

禮樂不可分而言之，「樂」既作為文化的一個重要部分，華夷之樂的區別與評
價自然依附著傳統的華夷觀念；雅樂的特色是「中和雅正」，夷樂因其風俗各
異而樂舞亦各有特色，陳暘言：

> 東夷之樂曰昧，持矛以助時生；南夷之樂曰任，持弓以助時養；西
> 夷之樂曰株離，持鉞以助時殺；北夷之樂曰禁，持盾以助時藏。皆
> 於四門之外，右辟四夷之樂也。東夷之音怨而思，南蠻之音急而苦，
> 西戎之音悲而洌，北狄之音雄以怒，四夷之聲也。(《樂書‧卷一百

二十六》)

夷樂的特色因民之情性的不同而風俗各異，以華夏純正雅樂作為標準而言，四夷之音比之未合於中和雅正，雖可為各自的特色，然「夷不可亂華，哇不可干雅」，胡夷之樂萬不可入雅樂而喧賓奪主，禮樂需維持其本來面貌以作為「華夏」的文化想像集體純正性的表徵。

二、雅俗之辨

「雅」最早溯及《詩經》六義：「風、雅、頌、賦、比、興」，傳說《詩經》由孔子刪定，因而「雅」的定義便以孔子主觀的意見而決定，但如此的定論卻值得再商榷，然《史記》中已有記載：「微子過殷墟而作雅聲。」《周禮·春官》亦載：「曰風、曰雅、曰頌、曰賦、曰比、曰興。」僅能肯定的是：「雅」的名稱與觀念在孔子刪定《詩經》前便已然存在。《說文解字》言：「雅，楚鳥也。」「雅」之原意為鳥，受地域的限制與命名，因此將「雅」作為王畿之地的特色，使「雅」觀念具有正統高貴的特徵；因而「雅聲」或「雅樂」即有尊貴莊重、傳統神聖的內涵，用於郊廟朝廷之中。而劉勰在《文心雕龍·定勢》中便已提出：「雅俗異勢」的見解；將「雅俗」作為一組相對的觀念，並且將其詮釋為：古今、文野、高下、精粗、清濁…等程度之區分，〈體性〉亦言：「一曰典雅，二曰遠奧，三曰精約，四曰顯附，五曰繁縟，六曰壯麗，七曰新奇，八曰輕靡。」〈通變〉言：「斯斟酌乎質文之間，而隱括乎雅俗之際，可與言變通矣。」將雅俗嚴格區分程度與性質之異。

《說文解字》曰：「俗，習也。」《周禮·大宰》有：「禮俗以馭其民。」〈大司徒〉中已有：「以俗教安。」〈曲禮〉亦有：「入國而問俗。」「俗」是民間群體的普遍習慣與好惡，即群體本能和欲望的普遍性，具有強烈的生命力，並且由於其流動及廣泛的傳播性與渲染性，如風似快速，並具有傳承性，因而常合稱為「風俗」；吾人今日仍常言：「風俗民情」，即點明「俗」乃依民之情性而生之，具有濃厚受眾、從眾之特性。《漢地理志》有：「凡民函五常之性，其剛柔緩急，音聲不同，系水土之風氣，故謂之風；好惡取舍，動靜無常，隨君上之情欲，謂之俗。」《荀子·強國》言：「入境觀其風俗。」〈榮辱〉亦言：「越人安越，楚人安楚，君子安雅。」〈王霸〉曰：「無國而不有美俗，無國而不有惡俗，兩者并行。」〈儒效〉云：「有俗人者，有俗儒者，有雅儒者，有大儒者。」荀子將「俗」區分為美俗與惡俗，二者俱存；「俗」、「雅」、

「大」的差異以及「安」的提出，亦表示已含有價值評價。因而「俗聲」或「俗樂」本身帶有普遍、從眾之欲、作為娛樂的媒介等特性。〔註14〕

自孔子「惡紫之奪朱也，惡鄭聲之亂雅樂也，惡利口之覆邦家者。」(《論語・陽貨》)《荀子・樂論》：「帶甲嬰冑，歌於行伍，使人之心傷；姚冶之容，鄭衛之音，使人之心淫；紳端章甫，舞韶歌武，使人之心莊。故君子耳不聽淫聲，目不視邪色，口不出惡言。」《樂記》：「鄭衛之音，亂世之音也，比於慢矣。桑間濮上之音，亡國之音也，其政散，其民流，誣上行私而不可止也。」劉向《脩文》：「樂之動於內，使人易道而好良；樂之動於外，使人溫恭而文雅；雅頌之聲動人，而正氣應之；和成容好之聲動人，而和氣應之；粗厲猛賁之聲動人，而怒氣應之；鄭衛之聲動人，而淫氣應之。是以君子慎其所以動人也。」《春秋繁露・王道》：「刑妄殺以陵下，聽鄭衛之音，充傾宮之志，靈虎文采之獸。」揚雄《法言・吾子》：「或問『蒼蠅紅紫』。曰：『明視。』問『鄭衛之似』。曰：『聰聽。』或曰：『朱曠不世，如之何？』曰：『亦精之而已矣。』」以降，儒家對於雅俗之樂的見解，大致上一脈相傳，其承襲儒家傳統對於雅俗的一組對立概念，即便尊重並接納俗文化，承認此乃天生自然之情性與反映，於傳統觀點而論，仍是以「抑俗崇雅」作為一種態度；因此傳統的雅俗之辨本身帶有價值判斷之性質，包含了審美、文化政治及階級意識等。

北宋時期雅俗之辨的契機，在於漢代以來俗樂相當盛行，文人知識份子對於「俗文化」的反思：如白居易認為「俗」乃自然情感的流露，人皆有之，因而傳統觀點的「俗」並非「俗之俗」，而是「雅之俗」，並主張從眾的「尚俗」；黃庭堅以淡泊生活為目的而導致的道德觀與審美觀，推崇「脫俗」〔註15〕；蘇軾提出「超凡脫俗」〔註16〕的見解，以導致更有「化俗為雅」、「借俗寫雅」的想法，將「陽春白雪」與「下里巴人」相提並論；劉知幾主張「以雅為俗」、陳騤提倡「貴俗」、陳師道主張「寧僻毋俗」等等；而後替陳暘書序的楊萬里，更將「以故為新，以俗為雅」作為價值判斷之標準。由此而知「俗文化」普遍受到文人雅士的喜愛，雅俗之論與雅俗之間的分界更是討論的重點。因而陳暘或應受到此一潮流的影響，提出了北宋時期「樂」的雅俗

〔註14〕孫克強：《雅俗之辨》，頁89、249。

〔註15〕見黃庭堅《山谷全集・詩集》〈書嵇叔夜詩與侄〉。

〔註16〕見蘇軾〈題柳子厚詩〉。

難分，並歸咎於承前朝的「末流之弊」：

> 聖朝承末流之弊，雅俗二部，惟聲指相授，案文索譜，皆所亡逸，
> 抑何甚歟！……。臣竊嘗推後世音曲之變，其異有三：古者樂章或
> 以諷諫或導情性，情寫於聲，要非虛發晉宋而下，諸儒街采並擬樂
> 府，作為華辭本非協律，由是詩樂分為二，塗其間失傳謬述去本逾
> 遠，此一異也；古者樂曲辭句有常，或三言四言以制宜，或五言九
> 言以投節，故含章締思彬彬可述，辭少聲則虛聲已足曲，如相和歌
> 中有伊夷吾邪之類為不少矣，唐末俗樂盛傳民間，然篇定無句，句
> 無定字，又間已優雜荒豔之文，閭巷諧隱之事非，如莫愁子夜尚得
> 論次者也，故自唐而後止於五代，百氏所記，但誌其名無復記辭，
> 以其意褒言慢無取苟耳，此二異也；古者大曲咸有辭解，前豔後趨
> 多至百言，今之大曲以譜字記其聲，折慢疊既多尾偏又促不可以辭
> 配焉，此三異也。（《樂書‧卷一百五十七》）

中國古代並無較洽當妥善的記譜方式，無論雅樂俗樂皆為師徒面授、口耳相
傳，漢代以降，樂府採風廣納民謠，因而雅樂一經時間遞變或是失傳，或是
去雅逾遠；其次為唐代俗樂之盛，以俗入雅；第三為大曲〔註17〕的日益複雜，
而唐代大曲又更細分，並納胡樂於其中。此三者皆為「亂雅」之因。其並以
民間所出之「歌工樂吏」以俗害雅：

> 聖朝樂府之盛，歌工樂吏多出市廛畎畝，規避大役，素不知樂者為
> 之，至於曲調抑又沿襲胡俗之舊，未能純乎中正之雅，其欲聲調而
> 四時和，奏發而萬類應，亦已難矣。誠革三異之失，去胡俗之調，
> 一要宿乎雅頌之音以寫太平，以昭極功，臣將見鳳儀獸舞，不特有

〔註17〕大曲原分「艷」、「曲」、「趨」、「亂」四段，「艷」在曲前為引，「曲」為全曲
之重心樂段，有樂、有歌、有舞，「趨」同促，樂漸急，「亂」在樂章末尾為
卒章之節；唐代大曲分「散序」、「中序」、「破」三段，遍次長短不一；「散序」
用無拍散板奏演樂器，不歌不舞若干遍後，入「報」；「中序」重歌不舞，始
用拍，又稱「拍序」或「歌頭」，以慢板入樂段之「擷」與「正擷」；「破」重
舞，而仍有歌，舞者配以羯鼓、褁鼓、大鼓與絲竹，投節制容，節奏略快，
經「虛催」、「袞遍」、「實催」（或稱「催拍」、「促拍」或「簇拍」）後由絃繁
管急之樂象，經「歇拍」後，瞬起哀煞急板，終以「殺袞」。唐代大曲包含有
西域傳入之曲、時人仿作之曲、改編舊曲而成之曲，今存者有踏金蓮、伊州、
涼州、拓枝、霓裳、吳波、看江波、迎仙客、春鶯囀、慶善樂、南詔奉聖樂
等六十餘曲，足見其繁雜與龐大。

虞氏之世矣。(《樂書·卷一百五十七》)

故陳暘的主張乃為：於雅樂中屏除胡俗之元素，而非對於胡俗之樂的全盤否定。如朝廷祭祀、朝會、宴饗、出入、教化人民、移風易俗之時「當用雅樂非用教坊樂也」(《樂書·卷一百九十一》)其對已存之俗樂的態度為：「猶九流雜家者流，非朝廷所用之樂。存之不為益，去之不為損，民間用之雖無害於事。」(《樂書·卷一百三十三》)，因俗樂乃「詩者，民之情性；歌者，民之懽心。」「凡此內自中國，外暨四夷，其風聲氣俗雖水土不同，至於所以為情性、為懽心，未使少異也。」(《樂書·卷一百五十八》)「百里不同之風，其氣有剛柔千里不同之俗，其習有善惡。」(《樂書·卷十六》)，因而「由魏抵隋，上下數百年間，偏方互據，析為南北。郊廟之外民謠雜出，非哀思淫靡之音，則離析怨獷之曲也。」(《樂書·卷一百五十六》)俗樂充份展現民之情性、使欲望得到滿足，而情性又因風土民情而各有所異，倘若僅將「樂」視為順其情性之抒發、抑或感官欲望刺激的追求，則將使人民百姓「逐末反以忘其本，思欲以害其道。」(《樂書·卷十六》)陳暘自言以「莠」、「苗」觸類取譬論「俗」、「雅」之別：

> 莠非苗也，類於苗而亂苗；佞非義也，假於義而亂義；利口非信也，託於信而亂信；鄭聲非正樂野，雜於樂而亂樂；紫非朱也，間於朱而亂朱；鄉愿非德也，似於德而亂德。凡此皆似是而非，孔子之所惡也，莠之亂苗，其實為易辨；故佞與利口似之鄭聲與紫，則亂雅聲正色為難辨，故鄉愿似之。(《樂書·卷九十五》)

因此，陳暘對於「雅樂」的定義極其嚴苛，並且將標準明確地點出，以「中和莫盛乎五，故五之數，在易為中爻，在禮為中庸，在樂則主中聲而已。」(《樂書·卷一百五》)的「中」與「和」作為雅俗之別的準則：

> 故其聲正直和雅、合於律呂，謂之正聲，此雅頌之音、古樂之發也；其聲間雜繁促、不協律呂，謂之間聲，此鄭衛之音、俗樂之發也。雅頌之音理而民正，鄭衛之曲動而心淫，然則如之何而可？不過乎黃鐘以生之，中正以平之，確乎鄭衛不能入也。(《樂書·卷九十六》)

以中正和雅的「正聲」為「雅」，使用「七聲」與溺於「四清二變」是為「不適中正」，即未全於雅樂、未純乎雅樂者：「五聲不備是謂鄭衛之音，煩手淫聲滔堙心耳矣。」(《樂書·卷一百五十七》)然此皆為胡樂與俗樂之特徵，並由此思考脈絡過度推論將「俗樂」推上了一個極端的觀念——即「淫樂」，如

上文所述，因而上述種種「不適中正」者即為「淫樂」：

> 樂以適中正為雅，一有不適，是淫樂矣。禮以順人情為善，一有不順，是愿禮矣。……。樂淫不足以化其俗，禮愿不足以善其物。(《樂書‧卷十六》)

「淫樂比里之哇，悅傾宮之艷，靡靡然以常舞為風，朝歌為俗。」(《樂書‧卷十六》) 早於《左傳‧昭公元年》中即有：「煩手淫聲，慆堙心耳，乃忘平和，君子弗聽也，物亦如之，至於煩，乃舍也已，無以生疾，君子之近琴瑟，以儀節也，非以慆心也。」《左傳‧昭公二十五年》：「氣為五味，發為五色，章為五聲，淫則昏亂。」《史記‧殷本紀》亦載：「紂使師涓作淫聲，北里之舞，靡靡之樂。」據此，「樂以音變，音以民變」(《樂書‧卷十六》)。「中和雅正」是雅樂充分且必要之條件，亦為其精神與特色，但凡不符者陳暘即否認其為雅樂；俗樂大多為民之情性的情感表達、感官欲望的追求與滿足，而因風俗民情又各異多元蓬勃發展，因而不合五聲雅樂即為「俗樂」、「淫樂」、「桑濮之音」、「鄭衛之聲」，民間用之雖無害於事，卻亦必以不入雅或干雅為首要前提。

第五章　音樂之價值學向度

　　音樂之價值學向度包含「倫理學」與「美學」，陳暘論音樂於倫理之目的與作用言：「律之為用，窮天地之聲，盡天地之數，播之於樂，動天地、感鬼神、動人心、變風俗。」在人和自然的對話──「動天地、感鬼神」，以及在人我、人和社會的對話──「動人心、變風俗」之前，必有人和自我的對話──「誠」，即以「樂」進德修身以全「性」，方能「動天地、感鬼神、動人心、變風俗」。

　　本章分為兩部份，第一部份為音樂之倫理學向度，包含音樂道德修養論、音樂政治教化論與音樂宗教論：音樂的道德修養論，提出陳暘所主的「誠」概念，指出以「誠」作為起始，仁義皆得則有德，仁的本質為愛、義的本質為敬，仁義為禮樂之體、之本，禮樂為仁義之用、之華；音樂宗教論與音樂政治教化論，奠基於陳暘所提出的音樂道德修養論：「誠」與「仁義」，仁以愛為本，愛以孝為本，「孝」的衍生即為「祭」，音樂作為祭祀天地、山川鬼神以及悼念宗廟祖先的一種媒介與作用，以鬼神之說與愛親之行為予以人民內在精神與外在行為的約束與規範，行為必須順天而行。義以敬為本，敬以悌為本，即兄友弟恭，其來源亦是以愛為本的仁。以「仁義」推己及人的過程即由人之道德修養的自愛，至愛親的「孝悌」，至飲水思源的「祭」，更進一步至他愛，最終到達一個「仁覆天下」的和平理想境界。

　　第二部分為音樂之美學向度，指出首要「中和為美」的核心命題，「中和」不僅僅是美學課題，在「藝德一致」、「美善同一」的傳統儒家價值觀下，亦是倫理學的命題，更是會通其價值哲學、乃至形上學之基礎，「中和」此概念亦為貫串陳暘《樂書》整體音樂哲學之核心。

第一節　音樂的倫理學向度──音樂道德修養論

於本書第三章第一節音樂本根論的音樂起源問題一節中，已稍提及陳暘「天命之謂性，率性之謂道」的主靜復性之說，然〈中庸〉最後一句本為「修道之謂教」，陳暘將其改為「得道之謂德」：

> 天命之謂性，率性之謂道，得道之謂德。則德固不足盡性之全，特性之端而已。……；則樂固不足既德之實，特德之華而已。以德為性之端，則道其性之本歟！以樂為德之華，則德為樂之實歟！……。
>
> 禮為道之華，樂為德之華。（《樂書・卷十九》）

其言應受《禮記・樂記》：「禮樂皆得，謂之有德。德者得也。」相當的影響，因而本節將由第三章第一節的「性」接續下去，指出陳暘在「性」的論述上，如何開展「誠」與「德」的倫理學，並且說明人藉由音樂與自我的對話中，為何「樂」與「德」之間有所關聯，而又為何以樂進德修身能達到主靜復性之效。既「天命之謂性，率性之謂道」，陳暘對「性」的說明如下：

> 傳曰：性者，生之質也，是本先於根而存乎道，質先於幹而存乎性。忠則不欺於道，而為德之正；信則不疑於道，而為德之固。此禮之在道者也，故謂之本。行有所修而不廢，未必不顧言；言有所道而由行之，未必不顧行。……。時行忠信以進德，修辭立誠以居業，其於禮之本，可謂體之矣。（《樂書・卷十二》）

進德居業為禮之本，而禮之本在「道」，即「得道之謂德」，「德者得也」。因而「修德」作為「得道」之前提。陳暘言性情並非清晰，僅以狀態言「心」的狀態可分陰陽動靜，即心靜為性、心動為情，近於程頤所言：「性之本謂之命，性之自然者謂之天，性之有形者為之心，性之動者謂之。凡此數者皆一也，聖人因事以制名，故不同若此。」（《語錄遺書・卷二十五》）「在天為命，在義為理，在人為性，主於身為心，其實一也。」「自理言之謂之天，自稟受言之謂之性，自存諸人言之謂之心。」（《宋元學案・伊川學案》）其所言「天命之謂性」的「性」是「生之質」，「是本先於根而存乎道」，雖與生俱來然並非全然純真樸實無暇，可受環境影響，經由人的自由意志選擇，能使自己在仁人或不仁之人之間做選擇：

> 水之為物，其出有源，其行有委，得其地則清，非其地則濁。清者為陽，人之所尊也，以之濯首飾之纓，豈仁則榮人所尊戴之意邪？濁者為陰，人之所賤也，以之濯下體之足，豈不仁則辱人所卑賤之

> 意邪？由是觀之，水之性未嘗不潔，而或清或濁非性之罪也，異其
> 所處以取之而已；人之性未嘗不善，而或仁或不仁，亦非性之罪也，
> 異其所為而取之而已。(《樂書‧卷九十三》)

陳暘以水之清濁隱喻「樂」之清濁，而論至人德之清濁。雖「天命之謂性」，然「德為性之端」，「性」未必是全善，亦有受制於「性」的本能欲望，因而人的仁或不仁非性之罪，而是由於人的自由意志的選擇；天命賦予如此人性，而吾人仍有決定成為一個仁人或不仁之人的選擇。按陳暘的見解，「性」有「性之德」與「性之賊」的二分：

> 誠者，性之德；偽者，性之賊。著誠則正人，足以副其誠；去偽則
> 邪人，足以防其失君子之於禮，有所竭情盡慎致其敬而誠，若非著
> 誠歟！以五禮防萬民之偽而教之中，非去偽歟。禮，天之經也，著
> 誠去偽，則全於天真而不汨於人偽，其於禮之經也何有？書所謂天
> 秩有禮者此也。孔子曰：禮也者，敬而已矣。孟子陳善閉邪謂之敬，
> 陳善所以著人之誠，閉邪所以去人之偽，然則所謂敬者，豈不為禮
> 之經乎！夫禮釋回增美質領惡而全好與此同意。……。極而論之，
> 豈惟禮去偽哉？雖樂亦不可為偽矣。凡物有微著有去取言著誠則偽
> 在所微矣，言去偽則誠在所取矣。(《樂書‧卷二十二》)

性之德為「誠」，見於《周禮‧春官‧大司樂》中：「揚善遏惡為誠。」(《樂書‧卷四十三》)亦引《易‧既濟》：「孚者（盡剛之性），誠之致誠者，性之德。」(《樂書‧卷八十三》)「將欲揚善，必先遏惡；將欲存誠，必先閑邪。」(《樂書‧卷四十三》)早於《周易‧文言》即有：「閑邪存其誠。」「修辭立其誠。」，孟子亦云：「萬物皆備於我矣，反身而誠，樂莫大焉。」(《孟子‧盡心上》)「誠者，天之道也；思誠者，人之道也。」(《孟子‧離婁上》)荀子：「著誠去偽，禮之經也。」(《荀子‧樂論》)「小人不誠於內，而求之於外。」(《荀子‧大略》)「君子養心莫善於誠，致誠則無它事矣。唯仁之為守，唯義之為行。誠心守仁則形，形則神，神則能化矣。誠心行義則理，理則明，明則能變矣。」(《荀子‧不苟》)《禮記‧學記》：「使人不由其誠，教人不盡其材，其施之也悖，其求之也拂。」〈中庸〉：「誠者，天之道；誠之者，人之道也。……。誠之者，擇善而固執之者也。」「誠者，不勉而中，不思而得，從容中道，聖人也。」「唯天下至誠，為能盡其性，能盡其性，則能盡人之性，能盡人之性，則能盡萬物之性，能盡萬物之性，則可以贊天地之化育，可以

贊天地之化育，則可以與天地參矣。」「誠者，物之終始，不誠無物，是故君子誠之為貴。誠者非自成己而已也，所以成物也。成己仁也，成物知也，性之德也，合內外之道也，故時措之宜也。」「唯天下至誠為能經綸天下之大經，立天下之大本，知天地之化育，夫焉有所倚。肫肫其仁，淵淵其淵，浩浩其天，苟不固聰明聖知、達天德者，其孰能知之？」

李翱《復性書》中：「道者，至誠也。誠而不息則虛，虛而不息則明，明而不息則照天地而無遺。非他也，此盡性命之道也。」周敦頤《通書》談誠：「元亨，誠之通；利貞，誠之復。」「聖，誠而已矣。誠，五常之本，百行之源也。靜無而動有，至正而明達也。五常百行，非誠非也，邪暗塞也。故誠則無事矣。」而陳暘引之為其「誠」作定義；性之賊為「偽」，雖無明確定義但顯於所見和「誠」相對立。據「性之德」與「性之賊」、「誠」與「偽」的對立，以及「德者，得也」的意見，可以預設「性之賊」──「偽」為「損」，天命的性可由人的自由意志選擇「得」與「損」，禮樂皆得而有德則能全性，人偽之則損性；德全則性全，性全則神全：

> 誠，非禮不著；偽，非禮不去。誠者則中正，偽去則無邪。中正無
> 邪則釋回增美質矣，豈不為禮之質乎？禮非特有質，蓋亦有本焉。
> （《樂書‧卷十二》）

> 惟樂不可為偽，而縣之於宿齊之時，其誠亦已至矣，遂以聲展之則
> 審一以定和，亦所以達其誠歟！（《樂書‧卷四十二》）

「禮樂同出於人心，而仁者人也，亦出於人心而已。……。君子之所謂禮，言而履之者也；所謂樂，行而樂之者也。禮樂之道不過章德報情而反始。……。行吾仁以全禮樂之道而已。」（《樂書‧卷一》）禮樂起於人心，人可欺人但必無法自欺於心，如同仁愛是也，章德報情反始即「誠」之發顯；「禮樂皆得」作為「德」的首要條件，而禮樂以「誠」為必要之前提，禮樂若「偽」則必不是「德」，存誠去偽、中正無邪根本亦在人心之「誠」，則姦聲亂色、淫樂慝禮等外在環境與條件即無法對吾人產生不好之影響，陳暘言：

> 德全則性全而耳目聰明者，性全故也；性全則神全而心術內通者，
> 神全故也。性全矣，雖有姦聲亂色必去之而不留；神全矣，雖有淫
> 樂慝禮必郤之而不接。（《樂書‧卷十七》）

上述暘曰：「德」為「性之端」、同時亦為「禮樂之實」，而「禮」為「德之容」，「樂」為「德之華」；即禮治其外，樂化其內，「禮」主要修正人的外在，亦

即行為規範，而「樂」則是修心之法，平定心志與正己正人；「禮」與「樂」
乃是一剛一柔、一內一外的修德以致性全之法，實質上乃是一體兩面。陳暘云：

> 揚子曰：人而無禮焉以為德。易曰：先王以作樂崇德，則禮為德之
> 容，樂為德之華，人而不仁禮樂何哉？……。德者得也，能無失乎？
> 禮樂皆得，謂之有德，未能以無德為德，而德乎不德，非體道者也，
> 同於不失德者而已。（《樂書·卷十》）

而「禮樂」作為修養「德」的方法與途徑，和「仁義」之間確有著一體兩面的
關係；於本書第三章第二節音樂本根論的音樂根源問題一節中，已說明陳暘將
禮樂比陰陽而來的命題：「樂自天作，禮以地制」——樂自天作而屬陽，而對
應至倫理上言，仁為陽，仁的本質為「天性之愛」的「愛」，見於行為則為「行
（仁義）而樂之」（《樂書·卷二十八》），展現出「天地之和」之「和」的本質，
此皆由天來而屬陽；禮以地制而屬陰，義的本質為「天性之敬」，見於行為則
為「言而履之（仁義）」（《樂書·卷二十八》），展現出「天地之序」而有別的
「敬」的本質（《樂書·卷二十八》）。將「天地」、「禮樂」、「仁義」、「愛敬」、
「和序」以至於「言行」，將諸多的相對相容之屬性概念與形上的「陰陽」緊
緊相扣相連，而具有強有力的論證及形下與形上的緊密相關之連結。陳暘言：

> 蓋樂由陽來而仁近之，仁陽屬故也；禮由陰作而義近之，義陰屬故
> 也。仁主乎愛而樂合之，義主乎敬而禮合之，豈亦仁藏於禮樂之意
> 歟？然仁近於樂而非仁也；義近於禮而非義也。仁義非禮樂不行，
> 禮樂非仁義不立。（《樂書·卷十三》）

雖仁近於愛而非仁、義近於禮而非義，然仁的本質為「愛」，禮的本質為「義」。
顯而易見，「禮樂」與「仁義」乃為體用關係，兩者為若且為若之邏輯關係——
「仁義」為「禮樂」之體、之本，「禮樂」為「仁義」之用、之華，「仁義」為
「德」之中最為重要的條目，「性」又為「德之端」；「義近禮，仁近樂。仁義，
人道也，禮樂資之以為本；禮樂，人文也，仁義資之以為用，垂之如隊禮也，
以卑為尚故也，叩之其聲清越，以長其終詘然，樂也以反為文故也，君子比德
於玉而禮樂與焉，豈非禮樂皆得謂之有德歟！」（《樂書·卷十三》）要全性以達
全神的過程，必由「禮樂」始，直指「仁義」之本質，進而「得」之為「德」：

> 仁義出於道德而為禮樂之體，禮樂出於性情而為仁義之用。仁者，
> 愛也，其本在孝而其實見於事親，則凡移之於事君者，皆仁之華也；
> 義者，宜也，其本在悌而其實見於從兄，則凡移之於從長者，皆義

之華也。智之實在於知仁義而其華見於前，識禮之實在於節文仁義
而其華見於威儀，樂之實在於樂仁義而其華見於節奏。……。樂以
樂天為至仁義，則人道也。(《樂書・卷九十四》)

「人道」之所以為「人道」，《周易・說卦》：「立人之道，曰仁曰義。」〈中庸〉：
「人道敏政，地道敏樹」，陳暘言「人道」必修「仁義」(《樂書・卷十三》)；
〔註1〕「人道」即「人倫」：《禮記・大傳》：「上治祖禰，尊尊也；下治子孫，
親親也。旁治昆弟，合族以食，序以昭穆，別之以禮義，人道竭矣。」《禮記・
喪服小記》：「親親、尊尊、長長，男女之有別，人道之大者也。」而孟子言：
「是故誠者，天之道也；思誠者，人之道也。至誠而不動者，未之有也；不
誠，未有能動者也。」將人道作為實踐「誠」的工夫視之〔註2〕。雖然對於工
夫的部份陳暘所言甚少，但其可說是囊括上述三種而云：「蓋立人而不忘我之
謂仁，立我而不忘人之謂義。」(《樂書・卷六十九》)

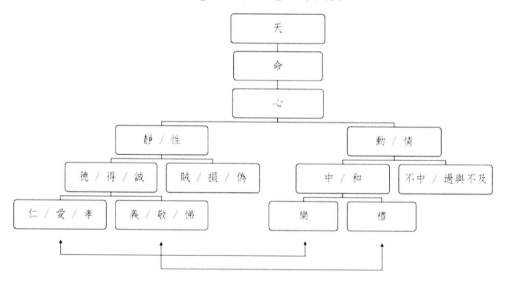

〔註1〕《禮記・喪服四制》：「恩者，仁也；理者，義也；節者，禮也；權者，知也。
　　　仁義禮知，人道俱矣。」此處將仁義禮知四者並列為人道。《論語・里仁》：「仁
　　　者安仁，知者利人。」「惟仁者，能好人，能惡人。」《論語・子罕》：「知者不
　　　惑，仁者不憂。」《論語・顏淵》：「仁者愛人，知者知人。」《論語・衛靈》：「知
　　　及之，仁不能守之」《論語・雍也》：「知者樂水，仁者樂山。」《禮記・祭統》：
　　　「仁足以與之，知足以利之。」仁並不是沒有「智」就不能行動，如孟子所言
　　　之今見孺子將入於井一例，然若是沒有「智」，仁就不能有恰如其分的表現；
　　　同時在具體的表現中，二者是很難說誰先誰後的，然陳暘僅將人道僅以「仁義」
　　　說明，將「禮」囊括於仁義之中，而為仁義的發顯。
〔註2〕韋政通：《中國哲學辭典》，頁18。

第二節　音樂的倫理學向度——音樂宗教論與音樂政治教化論

　　仁義為德之本，亦為禮樂之本，禮樂為仁義之用，陳暘將禮樂與仁義推向「樂自天作、禮以地制」的形上命題；此兩兩一對的概念自是比陰陽而來，故二者皆不可偏勝，需相輔相成，故禮樂教之仁義當是作為政治教化之根本：

> 記曰：仁近於樂，義近於禮，教和則其仁足以相親而不乖辨等，則其義足以相敬而不越，二者不可偏勝也。樂勝禮無以節之則流而忘本，禮勝樂無以和之則離而乖義。……故樂雖合愛，未嘗不異文，禮者為異而有同焉；故禮雖殊事，未嘗不合敬。要之樂同禮異者，特其所主爾以樂防情而教之和，故足以合相親之情，以禮防偽而教之中，故足以飾相敬之貌，是禮樂之事，非禮樂之道也。……然立於禮、成於樂，學道之序也。樂者為同，禮者為異，先樂而後禮者。（《樂書·卷十一》）

政治教化係直接關係宗法社會的倫理觀念，即儒家所謂「五常」；董仲舒〈對策一〉中即言：五常即五德：「夫仁誼禮知信，五常之道，王者所當修飭也。」揚雄《法言·修身》講：「仁，宅也；義，路也；禮，服也；知，燭也；信，符也。處宅、由路、正服、明燭、執符，君子不動，動斯得矣。」《白虎通·情性》：「五性者何？謂仁義禮智信也。仁者不忍也，施生愛人也；義者宜也，斷決得中也；禮者履也，履道成文也；智者知也，獨見前聞，不惑於事，見微知著也；信者誠也，專一不移也。」周敦頤《通書》中講「德」：「愛曰仁，宜曰義，理曰禮，通曰智，守曰信。」而陳暘講「樂」為「仁」的發顯，其本質為「愛」，故倡「同」；「禮」為「義」的發顯，其本質為「敬」，故主「異」。而以「仁」又作為五常之首，提升且強調「樂」的重要性：

> 五常以仁為首，六藝以禮樂為先。仁者，禮樂之質；禮樂者，仁之文。……。明禮樂以仁而立也。……。推恩而不理不成仁，遂理而不敢不成義，審節而不和不成禮，和而不發不成樂；禮樂無非德也。（《樂書·卷八十五》）

> 仁近於樂而同愛者，仁之情也；義近於禮而合敬者，義之情也。……。人人親其親、長其長而天下平矣。……。若夫禮樂之情，同言之則禮之敬也、樂之愛也，以異而同而已，均謂之合不亦可乎。雖然合

敬同愛，禮樂之情非禮樂之文也，合情飾貌禮樂之事，非禮樂之道
也。(《樂書・卷十一》)

「仁」的定義陳暘未有講得詳細，言：「仁以善為主，善以仁為用，均是仁
也。」故以其有所訓義之處加以考察，所見不過三者。一就「仁」作為「德」
而言，在《論語・八佾》即有：「人而不仁，如禮何？人而不仁，如樂何？
雍也：回也，其心三月不違仁，其餘，則日月至焉而已矣。」《論語・述而》：
「志於道，據於德，依於仁，游於藝。仁遠乎哉？我欲仁斯仁至矣。」《孟
子・離婁下》：「君子所以異於人者，以其存心也，君子以仁存心。」《孟子・
告子上》：「仁，人心也。仁義禮智，非由外鑠我也，我固有之也。」《周易・
文言》：「體仁足以長人。」《周易・說卦》：「立人之道，曰仁曰義。」《左傳・
昭公六年》：「行之以禮，守之以信，奉之以仁。」〈中庸〉：「知仁勇三者，
天下之達德也。修身以道，修道以仁。」二以「仁」的本質為「愛」，以愛
的形式發顯出來：《論語・顏淵》：「樊遲問仁，子曰愛人。」《孟子・梁惠王
上》：「未有仁而遺其親者也。離婁上：愛人不親，反其仁。」《孟子・離婁
下》：「仁者愛人。」《孟子・盡心上》：「親親仁也。親親而仁民，仁民而愛
物。仁者無不愛也。」《孟子・盡心下》：「仁者以其所愛及其所不愛，不仁
者以其所不愛及其所愛。國語・周語下：仁，文之愛也。楚語上：明慈愛以
導之仁。」〈中庸〉：「仁者人也，親親為大。」《周易・繫辭》：「安土敦乎仁，
故能愛。」《荀子・大略》：「仁，愛也，故親。」《禮記・禮運》：「祖廟所以
本仁也。」《禮記・樂記》：「仁以愛之。」第三則視「愛」為實踐「仁」工
夫：《論語・里仁》：「君子無終食之間違仁，造次必於是，顛沛必於是。」《論
語・雍也》：「回也，其三月不違仁，其餘，則日月至焉而已矣。」《論語・
顏淵》：「克己復禮為仁。」《孟子・公孫丑上》：「仁者如射，射者正己而後
發，發而不中，不怨勝己者，反求諸己而已矣。」《孟子・盡心上》：「萬物
皆備於我矣，反身而誠，樂莫大焉，強恕而行，求仁莫近焉。」《孟子・告
子上》：「仁，人心也；義，人路也。舍其路而弗由，放其心而不知求，哀
哉！……。學問之道無他，求其放心而已矣。」〈中庸〉：「力行近乎仁。肫
肫其仁，淵淵其源，浩浩其天。」陳暘言：

樂者，天地之和也；禮者，天地之序也，則合異以為同。樂由天作，
禮以地制，則散同以為異。蓋由天作則有所循而體自然，與孟子稱
由仁義之意同；以地制則有所裁而節之，與孟子稱行仁義之意同。

則其辨如此，通之則禮亦可以言由與作矣。(《樂書‧卷十二》)

仁義即喚起人性與生俱來的「善性」，需啟發自覺自願，因而由仁義與行仁義乃是人之所以為人的「仁」。教化必由基本著手，因而對於封建宗法社會的基本單位「家」而言：「仁者，愛也，其本在孝；義者，宜也，其本在悌。」「孝」為仁之本，即「愛親」，《論語‧學而》：「君子務本，本立而道生。孝弟也者，其為仁之本與？」《孝經》：「夫孝，德之本也，教之所由生也。」具體上言，「孝」的社會意義為個人道德修養的首部，《論語‧學而》：「其為人也孝弟，而好犯上者鮮矣；不好犯上，而好作亂者，未之有也。」〈中庸〉：「夫孝者，善繼人之志，善述人之事者也。」「凡有血氣者，莫大尊親，故曰配天。」《孟子‧離婁上》：「事孰為大，事親為大。」《孟子‧萬章上》：「孝子之至莫大乎尊親。」〈孝經〉：「夫孝，天之經也，地之義也，民之行也。天地之經而民是則之。」而具體作為當是：

愛之以敬，行之以禮，修之以孝養，紀之以義，終之以仁。(《樂書‧卷四》)

孝莫大於寧親，寧親莫大於寧神，寧神莫大於得四表之懽心。(《樂書‧卷五》)

「仁」的發顯即為「孝」之行為，其本在「愛」，人之愛由孝親之情始；若不愛親，則何以愛人？另外一個作為是：「居喪不言樂」，暘言：「惟聖人能饗帝，惟孝子能饗親，故祭之日，樂與哀之而已矣，不求其為，此孝子之心也。」「樂」（ㄌㄜˋ）與「樂」（ㄩㄝˋ）同字同源，遇喪親而哀樂同之乃非人之常情，「孝」乃為人倫的之中的基礎，如舜琴歌南風，實有孝思存焉：

舜琴歌南風，有孝思之意存焉；笙象物生於東方，有生意存焉。故孔子既祥五日則於去喪為未遠其心不絕乎，孝思猶未全於生意也；雖彈琴矣而聲不成焉，十日則於去喪為遠而有全於生意。……。君子所以與人異彈之者，禮之所不可廢也，不成聲者，仁之所不忍也。(《樂書‧卷一》)

非喪而讀喪禮，則非人子之情，居喪而不讀喪禮，不失之過則失之不及；未葬而讀祭禮，則非孝子之情，既葬而不讀祭禮，不失之躐則失之怠。未除而讀樂章，則哀不足以喪；復常而不讀樂章，則樂必崩。……。宰予欲短喪而為樂，孔子以為不仁；閔騫子夏援琴而哀樂，孔子皆以為君子。(《樂書‧卷一》)

上述提及，仁義需推己及人、立己立人，以「仁義」作為「人道」，並以「愛敬」作為天性之所俱，因而教民以「孝悌」則為教化之首要。由「孝悌」而「愛敬」，由「愛敬」而「仁義」，由「仁義」而「禮樂」：

> 孝悌者，人子之高行也；禮樂者，君子之深教也。以人子之高行寓君子之深教，其所因者本而已矣。因親以教愛而民莫不親愛，因嚴以教敬而民莫不禮順，言禮順則親愛者，樂也；言親愛則禮順者，敬也。……。古者教民之道未嘗不始於愛敬而成於禮樂。（《樂書·卷八十四》）

而「孝」更進一步言之，則是「敬天祭祖」，《禮記·祭義》：「聖人反本復始，不忘其所由生也。」又《禮記·郊特性》：「萬物本乎天，人本乎祖，此所以配上帝也。郊之祭也，大報本反始也。」「天」與「祖」為吾人生命的來源，所以必須報本復始，不忘其給予生命之恩：

> 天地先禮樂而形，禮樂後天地而作，故天地陰陽之情，禮樂得以傷而出之也。蓋天地之道，其明為禮樂，其幽為神明，其位為上下，其物為精粗，內之為父子，外之為君臣；先王原天地之序以制禮，道天地之和以作樂，傷天地之情於後而使幽者闡達神明之德……。今夫禮則有常而天地所常之情，見於恆樂則有感，而天地所感之情見於咸，則傷天地之情也。夫天宙然示人神矣，而樂率之以從天，夫地佗然示人明矣，而禮居之以從地，則達神明之德也。（《樂書·卷二十二》）

「敬天祭祖」的另外一個層面在於「教孝」，能使在其儀式中得到「孝」的培養，「孝」所以重要在於其聯繫了人倫政治如此廣泛之關係，《禮記·祭統》：「夫祭有十倫焉：見事鬼神之道焉，見君臣之義焉，見父子之倫焉，見貴賤之等焉，見親疏之殺焉，見爵賞之施焉，見夫婦之別焉，見政事之均焉，見長幼之序焉，見上下之際焉。」「祭者，所以追養繼孝也。」「夫祭之為物大矣，……外則教之以尊其君長，內則教之以孝其親。」「祭者，教之本也。」

> 蓋先王之交鬼神也，非祭則祀；其接賓客也，非饗則食。祭之以其物，有養而親之之意，所以致愛也；祀之以其道，有止而寧之之意，所以致敬也。饗以飲為主，有鄉之之意，亦所以致敬也；食以食為主，有養之之意，亦所以致愛也。……。要之不過致愛敬而已。……。以樂侑之。……。禮莫重於祭。（《樂書·卷五十》）

「祭」當以「禮樂」為重。「禮以地制」，「禮」即遵循自然的法則行事，如人倫綱常、世事百態皆循其道而行，進而成為規範倫理的基礎，涵義是複雜的，然效用是廣泛的。如《左傳・僖公二十二年》：「為禮卒于無別，無別不可謂禮。」《左傳・僖公二十七年》：「「禮樂，德之則也。」《左傳・僖公二十七年》：「定人之謂禮。」《左傳・昭公七年》：「禮，人之幹也，無禮無以立。」王安石《禮樂論》：「先王知其然，是故體天下之性而為之禮。……。禮者，天下之中經。」周敦頤《通書・禮樂》：「禮，理也；樂，和也。陰陽理而後和，君君、臣臣、父父、子子、兄兄、弟弟、夫夫、婦婦，萬物各得其理，然後和，故禮先而樂後。」陳暘言：

> 君子之所謂禮，言而履之者也；所謂樂，行而樂之者也。
> ……。禮樂之道不過章德報情而反始。（《樂書・卷一》）

> 天子之於天下，禮樂不可斯須去身，言而履之無非禮也，仁而樂之無非樂也。蓋仁入而為聖，聖德也，禮入而為義，賢德也。（《樂書・卷三十三》）

《論語・學而》：「禮之用，和為貴，先王之道，斯為美，小大由之，有所不行，知和而和，不以禮節之，亦不可行也。」《論語・八佾》：「人而不仁如禮何？人而不仁如樂何？」《論語・泰伯》：「恭而無禮則勞，慎而無禮則葸，勇而無禮則亂，直而無禮則絞。」《禮記・曲禮上》：「夫禮者，所以定親疏、決嫌疑、別同異、明是非也。」《禮記・樂記》：「禮也者，理之不可易者也。」《禮記・喪服四制》：「凡禮之大體，體天地、法四時、則陰陽、順人情，故謂之禮。」《孝經・廣要道》：「禮者，敬而已矣。」「禮」為「義」的發顯，其本質為「敬」，故主「異」；「義」不僅是一個道德觀的概念，更是社會所共許的生活準則。《論語・為政》：「見義不為，無勇也。」《論語・陽貨》：「子路曰：君子尚勇乎？子曰：君子義以為上。君子有勇而無義為亂，小人有勇而無義為盜。」《孟子・離婁上》：「義，人之正路也。」《孟子・告子上》：「羞惡之心，義也。」《荀子・王制》：「人何以能群？曰分；分何以能行？曰以義。」〈中庸〉：「義者，宜也。尊賢為大。」《禮記・禮運》：「義者，藝之分，仁之節也。」陳暘云：

> 若夫禮樂之情，同言之則禮之敬也、樂之愛也，以異而同而已，均謂之合不亦可乎。雖然合敬同愛，禮樂之情非禮樂之文也，合情飾貌禮樂之事，非禮樂之道也。（《樂書・卷十一》）

> 中以本道之先，其順達而為和，其敬達而為祇。祇則順行所成，庸
> 則友行所成。友以事師長，孝以事父母，則樂德所成，終成始聖人
> 之德，無以加於孝，則人道而已。(《樂書·卷四十》)

「義」的具體表現亦初現於家庭之中，以「敬」為其本質，主倡因「異」而
「敬」；而最早於《尚書》與《詩經》中已有「敬」的觀念，且於一開始便帶
有濃厚的道德意味。《尚書·召誥》：「惟不敬厥德，乃早墜厥命。」《尚書·
無逸》：「則皇自敬德。」《詩經·小雅·雨無正》：「各敬爾身。」《詩經·魯
頌·泮水》：「穆穆魯侯，敬明其德。」周易文言傳「敬以直內，義以方外」
一義，論語中見二十一「敬」字。《左傳·僖公三十三年》：「敬，德之聚也。
能敬必有德，德以治民，君請用之。」程顥《語錄》亦言：「誠者，天之道；
敬者，人事之本。敬則誠。」陳暘重申《禮記·樂記》中的：「樂者為同，禮
者為異。同則相親，異則相敬。」「樂由中出，禮自外作；樂由中出故靜，禮
自外作故文。」：

> 蓋釋奠於先聖先師先老，所以教敬也，必遂養老，所以教孝也，一
> 釋奠合樂之故而孝敬之教行焉，如此則禮樂豈不為天下大教歟！凡
> 釋奠必有合者，主行禮以合樂也；凡大合樂必遂養老者，主合樂以
> 行禮也。(《樂書·卷三》)

「樂」本身自然具備藝術「美」的價值，但特別強調在道德倫理方面的修養
作用與政治社會方面的教化作用，即樂不僅具備「美」的和諧性，同時被賦
予「和」的道德性。由於兼具「美」與「德」的特性，且「入人也深」，才使
樂具有教化的功用。其言：

> 詩，仁言也；樂，仁聲也。仁言不如仁聲之入人深也。……。聖人
> 之於樂，非志於獨樂而已，將以為治也。顯之為德教，可以善民心，
> 妙之為道化，可以感人深、善民心，則惻隱羞惡之心達而為仁義，
> 恭敬是非之心達而為禮智。有若泉之始達也，感人深則動蕩血脈通
> 流精神，非若水之可測也。(《樂書·卷十六》)

《禮記·樂記》言：「聖人作樂以應天，制禮以配地。禮樂明備，天地官矣。」
「大樂與天地同和，大禮與天地同節。」「樂者敦和，禮者別宜。」又「樂者，
所以樂德也；禮者，所以綴淫也。」「仁以愛之，義以正之。」「樂」的政治
教化功能，使之正風俗民情、教化人民節制情欲，而使人民百姓「始之以聖
人所樂之情，終以先王著教之文。」(《樂書·卷十六》)故言：

> 禮樂之教足以同人心、出治道，其於安上治民，移風易俗也何有？
> 蓋樂則生矣，生則惡可已以至不知手之舞之足之蹈之者也，故樂吾
> 成己之，自仁之於父子，充之至於聖人之於天道，樂吾成物之道也。
> 自盡人之性，推之至於盡物之性，道志道事以詩書，道行道和以禮
> 樂，樂吾允文之道也。（《樂書‧卷六十八》）

而「樂」又「入人也深」，故言禮樂仁義乃教化之本，「寬柔者，君子之容
德也；靜正者，君子之敬德也。以仁存心而不失之寬柔，仁德莫盛焉；以
禮存心而不失之靜正，禮德莫盛焉。」（《樂書‧卷三十一》）內則回歸於
「誠」，外則以「仁義」立己立人，以「人道」合於「天道」，亦是教化的
最佳良方，暘言：

> 其乾乎天下至順者，其坤乎樂由天作，未有不本乾之和；禮以地
> 制未有不本坤之順。樂非特和而已，有以極天下之和也；禮非特
> 順而已，有以極天下之順也。……。正顏色斯近信矣，誠信達之
> 於顏色，恭敬達之於容貌，君子內和於心，以達誠信。（《樂書‧
> 卷二十八》）

特於在位者具德，才能謂之「樂」，「德音謂之樂。」（《樂書‧卷六十三》）如
能在「樂」上「去四清二變以諧音律，則琴音調而天下治矣。」（《樂書‧卷
一百四十三》）陳暘謂：

> 因好惡以施刑爵，則人人勸賞畏刑而政均矣。爵以舉賢仁，不可勝
> 用也；刑以禁暴義，不可勝用也。仁以立人而有以愛之，義以立我
> 而有以正之。……。禮樂者，政之本；刑罰者，政之助。以刑為政，
> 古人有之而非所以先之也。（《樂書‧卷十一》）

> 先王有不忍人之仁心，斯有不忍人之仁政，以不忍人之仁心，行不
> 忍人之仁政，其兼愛足以仁民，其博愛足以愛物。凡在天地之間體
> 性抱情者，吾之仁均有以周覆之，所謂仁覆天下如此而已。（《樂書‧
> 卷九十三》）

禮樂為政之本，以禮樂教之仁義，使人民情感在自然流露與滿足的同時，受
到「禮」的規範和制約，使個體情感和社會情感可以和諧，「自然」的人成為
「社會」的人，消除二者之間的隔閡與對立，以「美」調節為「善」，使社會
一心，如此天下皆寧、仁覆天下的境界方能達成。

第三節　音樂的美學向度

　　於中國音樂哲學而言，無論是任何音樂理論，有其目的與意義存在，據此，音樂的審美標準與音樂創造的標準，並不僅存在於感性知覺，而是感性與理性功能的融合與深入；因而此標準就不僅限於藝術的標準，而是更具有道德意涵的價值標準。音樂為儒家而言，不僅是個人修養、家庭和睦、政治教育的方法，更貫徹了推己及人的精神，其重要的意義在於「藝」和「德」的根源為同一的，音樂教化人心乃預設了人文教養的美善涵義，審美與創作是必需和道德境界相容不悖的，達至一個「和諧」的目標。〔註3〕至此，中國儒家音樂哲學早已預設了一個藝術及道德的準則，兩者各自自律卻又有其交互關係。「美」的向度與價值不僅僅在於形下向度，「美」能向上提昇而進入形上向度，因此美學決不能只僅僅於形下作探討，必然走向形上的路子；若然不探討「音樂」的本質與其形上基礎，便不容易了解其音樂美學，即便探討了「美」，也僅是形下的「美」罷了，並非真正的「美」。音樂哲學實兼具形上與形下的雙重意涵。因此音樂美學作為一關於音樂之研究，不能閉門造車地在形下的世界劃地自限，必定也要向形上的世界去作探求。陳暘《樂書》中提出「中和為美」、「美善同一」的美學命題，以「比德」論人與天地萬物的同質性，最終達「天人合一」之境界。

　　許慎說文解字中，將美善同義，俱出於「羊」字之解，兩者互通互涵，雖是不同範疇的兩個概念，卻又可以統一於一個範疇內。美是藝術的範疇，而善則是道德的範疇。《樂記・仲尼燕居》：「言而履之，禮也；行而樂之，樂也。」提出了倫理學中強調「實踐」的特性，以德為樂、以善為美。即孔子所言：「知之者不如好之者，好之者不如樂之者。」（《論語・雍也》）而對《論語・述而》：「志於道，據於德，依於仁，游於藝。」《論語・泰伯》：「興於詩，立於禮，成於樂。」中兩個重要命題，陳暘言：

> 天與之性，君子得之以為德性與之才，君子達之以為藝。……。據於德以為本，游於藝以為末，則其質具矣。苟言而履之以為禮，行而樂之以為樂，則文質彬彬然後可以為成人之君子矣。（《樂書・卷八十八》）

兩者皆是由自然而然的感性認識、經有理性意識自覺，再到自然而然無意識

〔註3〕參見尤煌傑：《美學基本原理——士林哲學的美學理論建構》，頁270〜274。

的感性審美過程。「藝」僅僅是技術上的問題,「志」是形成「樂」的精神,而「人」是呈現此精神人格的主體。孔子對樂的學習是要由技術而精神,進而要把捉到精神中的精華之處,這正可以看出一個藝術活動的過程。音樂是極講究形式的藝術,而形式之所以為形式,即其擁有條理秩序,對於「文與質」問題,陳暘在「文質彬彬」(《論語・顏淵》)和「質勝文則野,文勝質則史,文質彬彬,然後君子。」(《論語・雍也》)的議題上談,但據「仁者,禮樂之質;禮樂者,仁之文。」(《樂書・卷八十五》)而不以「文質」言,以「禮樂」言:

> 達於禮而不達於樂,謂之素;達於樂而不達於禮,謂之偏。禮樂皆得,謂之有德,君子也者。文之以禮樂而不為素,禮樂明備而不為偏。(《樂書・卷八十六》)

> 記曰:仁近於樂,義近於禮,教和則其仁足以相親而不乖辨等,則其義足以相敬而不越,二者不可偏勝也。樂勝禮無以節之則流而忘本,禮勝樂無以和之則離而乖義。(《樂書・卷十一》)

並非一般看似將「文」與「美」作為「質」與「善」的附屬品,「文」與「美」的獨立性被取消之論,然陳暘的見解卻是文質、禮樂、美善不可切割,抑或是說,文質、禮樂、美善此兩兩一組概念之間是一若且為若的邏輯關係。如孔子論《武》、《韶》二樂時云:「子在齊聞韶,三月不知肉味,曰:不圖為樂之至於斯也。」又:「子謂韶,盡美矣,又盡善矣;謂武,盡美矣,未盡善也。」(《論語・述而》)然陳暘卻不同意「美善」分而言之,其言:

> 先王之道,禮樂可謂盛矣。孔子曰:武盡美矣,未盡善也。可欲之謂善。翦商之事非人所欲,故有厭而不樂者矣,然武王獨樂其志不厭其道,豈私一己之欲為哉?果斷濟功以天下之心為心而已。若韶則既善盡美矣,又盡善也,雖甚盛德蔑以加於此。(《樂書・卷二十》)

> 孔子謂:武盡美矣,未盡善也;盡美矣,故其成必久未盡善,故非所以為備樂,何獨至久立於綴而疑之歟!(《樂書・卷二十七》)

> 武王伐紂為禮之適乎!韶武盡充實之美,而武獨未盡可欲之善者,豈非盡美在心與道,未盡善在時與迹歟!蓋美者,善之至而於者。……,武奏大武而詩曰:於皇武王。武之所以盡美也。
>
> (《樂書・卷八十六》)

《武》雖美，然有征伐之意涵於其內，但武王以天下之心為心，不以一己私欲為目的，如此應亦能稱之為「善」，因「美者，善之至而於者。」美善是一體的，既然《韶》為盡善盡美，則《武》亦應是盡善且盡美；孔子認為《武》之美中不足乃是在其中存有殺伐爭戮之意，而陳暘則以為，若真盡美未盡善，乃是因當時的亂世蕩政，而非武王之故，亦非《武》本身。此可看出陳暘在此一論題上和孔子的不同處：陳暘的美善是同一的，並以民為重而非以君。

儒家對「中和」的強調由來已久，在孔子提出後，於〈中庸〉中發揮至極致，而後又於北宋開始談論之。如：

中庸之為德也。(《論語・雍也》)

凡樂，天地之和，陰陽之調也。(《呂氏春秋・大樂》)

樂者，以天地之和也。(《禮記・樂記》)

中庸其至矣乎，民鮮能久矣。(《禮記・中庸》)

中也者，天下之大本也。(《禮記・中庸》)

喜怒哀樂之未發，謂之中，發而皆中節，謂之和。中也者，天下之大本也，和也者，天下之達道也。致中和，天地位，萬物育焉。(《禮記・中庸》)

君子中庸，小人反中庸。君子之中庸也，君子而時中；小人之反中庸也，小人而無忌憚也。(《禮記・中庸》)

夫樂者，天地之體，萬物之性也。合其體得其性則和，離其體失其性則乖。昔者聖人之作樂也，將以順天地之性，體萬物之生也。(阮籍〈樂論〉)

惟中也者，和也，中節也，天下之達道也，聖人之事也。(周敦頤《通書》)

禮，理也；樂，和也。陰陽理而後和。(周敦頤《通書》)

天地之化雖廓然無窮，然而陰陽之度，日月寒暑晝夜之變，莫不有常，此道之所以為中庸。(程頤《語錄・遺書卷十五》)

「中和」從外而言，在人倫關係中發掘與擴展人性的自覺，從內而言，培養人格、人性與人道，指向心的本體；外在的道德倫理規範和個體內在愉悅和充實得到了美善的統一。「不偏」即非「過與不及」，無「過與不及」即「中和」，「中和」即「和諧」，和諧是宇宙事物合理、趨於美善的表現，事物部分

與整體、人與人的聯繫，相互制約且保持平衡穩定，顯現出和諧之態。文質一體、禮樂一體、美善同一，是以道德對藝術的基本規範與要求，當然此為理性的道德價值判斷，亦添加了道德情感，而非純粹的感性審美判斷。如《論語・八佾》：「關雎樂而不淫，哀而不傷。」強調「無傷」的快樂，即「致中和」，這是人所追求、所想望的美善。正如孟子言：

> 可欲之謂善，有諸己之謂信，充實之謂美，充實而有光輝之謂大，
> 大而化之之謂聖，聖而不可知之之謂神。（《孟子・盡心下》）

由此可見，天人關係、人我關係、自我關係三者，最終講求的是一個「中和」，人之為人，所要求的即是「致中和」，由自我的身心和諧、人我的倫理關係的和諧、至天人關係的和諧，乃是一個人生修養的過程，此過程以「禮樂」與「仁義」修養之，得之即有德，有德即可全性全神，可與天地參，避免天人、人我與自我關係的分化。如陳暘謂：

> 禮為德之容，樂為德之華。……。德者，得也，能無失乎。禮樂皆
> 得，謂之有德。……。德為禮樂之本，禮樂為德之文。樂之隆，在
> 德不在音，非極五音之鏗鏘而已；大饗之禮，在德不在味，非致五
> 味之珍美而已。……。是本先於根而存乎道，質先於幹而存乎性；
> 忠則不欺於道而為德之正，信則不疑於道而德之固，此禮之在道者
> 也。……。人之生也，直而德，則直心而行之，歌以發德，而德則
> 直己；人之歌也，與陰陽相為流通，物象相為感應。……。君子敬
> 德，以仁存心，以禮存心。（《樂書・卷一至三十六》）

對此不但要「知之」、「好之」，更要「樂之」（《論語・雍也》），即將「踐仁」視為最高的美善，原屬審美層次的美就此超越或提升至道德層次的善的境界。在儒家思想中，道德境界和審美境界是渾然一體的，惟有如此，境界才算真正「止於至善」而擁有意義。

　　另一個重要概念則是「比德」：將自然界對審美對象的欣賞，找出一些特徵，作為用以比擬或比喻人的品德或精神高尚的一種象徵。早於《詩經》中便有大量的記載，其中既有源於感官審美對象的形式之美，也有源於道德比喻的意象之美；而自孔子以降，歷代儒者對此皆有所傳承與表述，由此形成一個中國美學的重要概念。《秦風・小戎》：「言念君子，溫其如玉。」以玉比君子美德；而《論語・雍也》：「知者樂水，仁者樂山；知者動，仁者靜；知者樂，仁者壽。」「比山」應承於《魯頌・閟宮》：「泰山巖巖，魯邦所瞻。奄

有龜蒙，遂荒大東；至于海邦，淮夷來同。其不率從，魯侯之功。」《周頌·天作》：「天作高山，大王荒之。彼作矣，文王康之；彼徂矣，岐有夷之行，子孫保之。」而「比水」又《齊風·載驅》：「汶水湯湯，行人彭彭；魯道有蕩，齊子翱翔。」《唐風·揚之水》：「揚之水，白石鑿鑿。素衣朱襮，從子于沃。既見君子，云何不樂？」《論語·子罕》：「子在川上曰：『逝者如斯夫！不舍晝夜。』」清代劉寶楠認為孔子意在「明君子進德修業，亹亹不已，與水相似也。」〔註4〕正是以水比德。

孟子則以「理義之悅我心，猶芻豢之悅我口」比喻道德可為人帶來如同品嚐美味般的享受。其中更有兩則發揮孔子之「觀水有術」，以水之為物喻君子之為道。流水之美正在其道德象徵：

　　徐子曰：「仲尼亟稱於水，曰：『水哉，水哉！』何取於水也？孟子曰：「原泉混混，不舍晝夜，盈科而後進，放乎四海。有本者如是，是之取爾。苟為無本，七八月之間雨集，溝澮皆盈；其涸也，可立而待也。故聲聞過情，君子恥之。」(《孟子·離婁下》)

　　孟子曰：「孔子登東山而小魯，登太山而小天下，故觀於海者難為水，遊於聖人之門者難為言。觀水有術，必觀其瀾。日月有明，容光必照焉。流水之為物也，不盈科不行；君子之志於道也，不成章不達。」(《孟子·盡心上》)

荀子以「水」、「玉」、甚至是「土」來比德：

　　孔子觀於東流之水。子貢問於孔子曰：「君子之所以見大水必觀焉者，是何？」孔子曰：「夫水遍與諸生而無為也，似德。其流也埤下，裾拘必循其理，似義，其洸洸乎不淈盡，似道。若有決行之，其應佚若聲響，其赴百仞之谷不懼，似勇。主量必平，似法。盈不求概，似正。淖約微達，似察。以出以入以就鮮絜，似善化。其萬折也必東，似志。是故見大水必觀焉。(《荀子·宥坐》)

　　子貢問於孔子曰：「君子之所以貴玉而賤珉者，何也？為夫玉之少而珉之多邪？」孔子曰：「惡！賜！是何言也！夫君子豈多而賤之，少而貴之哉！夫玉者，君子比德焉。溫潤而澤，仁也；栗而理，知也；堅剛而不屈，義也；廉而不劌，行也；折而不撓，勇也；瑕適並見，

〔註4〕劉寶楠：《論語正義》，臺北：世界書局，2001年，頁81。

情也；扣之，其聲清揚而遠聞，其止輟然，辭也。故雖有珉之雕雕，不若玉之章章。《詩》曰：『言念君子，溫其如玉。』此之謂也。」（《荀子‧法行》）

子貢問於孔子曰：「賜為人下而未知也。」孔子曰：「為人下者乎？其猶土也。深抇之而得甘泉焉，樹之而五穀蕃焉，草木殖焉，禽獸育焉；生則立焉，死則入焉；多其功，而不息。為人下者其猶土也。」（《荀子‧堯問》）

《管子‧水地》：「是以水集於玉，而九德出焉。」《禮記‧玉藻》：「夫玉之所貴者，九德出焉，夫玉溫潤以澤，仁也。鄰以理者，知也。堅而不蹙，義也。廉而不劌，行也。鮮而不垢，潔也。折而不撓，勇也。瑕適皆見，精也。茂華光澤，並通而不相陵，容也。叩之，其音清搏徹遠，純而不殺，辭也。是以人主貴之，藏以為寶，剖以為符瑞，九德出焉。……。古之君子必佩玉，右徵角，左宮羽。……。凡帶必有佩玉，唯喪否。佩玉有沖牙；君子無故，玉不去身，君子於玉比德焉。」以山、以水、以土、以玉「比德」，實乃藉物寓意，藉自然物象興起聯想與人相類的「德」之義，以主體主觀情感對客體部分特性的投射說明「德」與「美」，而非讚賞自然美的表象。而是從對審美對象中的領悟提升為一個普遍性的道德原則，即美之與否乃在其人格精神。但物與人的聯繫是廣泛的，絕不僅限於儒家的道德與審美觀，在儒家比德的審美方式中，將「德」與「善」等同於美，因此「美」之所在僅能在於道德上的了。美的根據並不在於物，而是在於人，卻又非人的外貌，而是精神人格，而又落在儒家自身所倡之倫理人格。陳暘以五聲之意比五行之象、以金玉之意比陰陽之象，以玉比德，以層層比至形上，以陰陽與五行加強「比德」之論述性。其言：

> 在易之乾以純粹精為德，以金玉為象。金，陰精之純者也；玉，陽精之純者也。君子體乾象以為德，所以必配玉者，比德故也。環佩之聲，莫不各有所合。合徵德為禮，合角德為仁，合宮德為信，合羽為智。……。主乎樂者未必不因乎禮，主乎禮者未必不無乎樂。（《樂書‧卷六》）

> 金者，陰精之純；玉者，陽精之純。（《樂書‧卷五十二》、《樂書‧卷九十四》）

陰精之純莫如金；陽精之純莫如玉。天以陰陽立道。(《樂書‧卷一
百一十三》)

人與天地自然萬物皆依循著某種規律與形式運作——即「道」，萬物亦有規律
及形式，正是與天地自然普遍規律和形式的呼應，因而明顯指出自然之物與
人皆是天地萬物之中的一種存在，當吾人順從自然規律、和天地自然一般地
運轉著，便使自身的小宇宙和自然大宇宙的同步呼應，由此動態的過程發現
天人同構同質的特性。即《周易‧繫辭上》之謂：「日新之謂盛德，生生之謂
易。」《周易‧乾卦》言：「天行健，君子以自強不息；地勢坤，君子厚德以
載物。」雖然「明於天人之分」，但最高境界是「天人合一」。即天與人、天
性與人性、天道與人道是相類相通、具有「氣」的同質性與同構性，如此才
有可以達到本質上的統一與協調，因此天人合一才可能具有較有力的論點。
由人而天，由人道而天道，如〈中庸〉所言：「唯天下之至誠，為能盡其性；
能盡其性，則能盡人之性；能盡人之性，則能盡物之性；盡物之性，則可以
贊天地之化育；可以贊天地之化育，則可以與天地參矣。」及「夫大人者，
與天地合其德，與日月合其明，與四時合其序，與鬼神合其吉凶。」(《周易‧
文言》)達至此高超境界。而「樂」的本質即為「和」，儒家「為道德而藝術」
與「為人生而藝術」的音樂，要求的是「德」與「善」的統一，是追求自身
的人格、人性、人道完美完善完成的，「美」與「德」即「止於至善」；並且
在最高境界的部分，能得到與自然的統一和諧，即「天人合一」。

第六章 結 論

第一章 緒論

　　本書第一章為「緒論」，說明研究陳暘《樂書》音樂哲學之動機與目的、研究之範圍與對象、研究之方法與架構、文獻探討與前人研究之回顧。作者認為音樂或藝術與人之關係，係為人類經由音樂或藝術的媒介而對人類自身的終極關懷，並提出三個音樂對話的向度：天人、人我、自我；然作者認為當代音樂似乎存在著形上與形下、理論與實踐的斷裂，因而整合、回歸整體乃為現今之要務；而陳暘《樂書》作為中國儒家音樂哲學的代表與集大成，作者藉由研究陳暘《樂書》而重構其音樂哲學，並試圖提出研究音樂哲學的概念群，以期拋磚引玉。

　　音樂哲學的建構是要由一個學人或學派對於「音樂」的思考開始，以其「音樂」的觀念與想法為線索，進一步建構或重現出他的整體哲學架構，並釐清「音樂」究竟是什麼樣的存在？「音樂」的起源與根源為何？兩者間關係為何？「音樂」和世界與人的關係為何？「音樂」如何使人我或社會得到溝通交流的目的？「音樂」的本質與形式為何？「音樂」具有什麼樣的價值與意義？音樂對人類具有何等功能或能發揮什麼作用？

　　前人關於陳暘《樂書》的研究，多偏重其中的《樂圖論》部分，並無對其訓義及思想層面研究之成果，無音樂哲學之內容與架構，雖肯定陳暘《樂書》在中國音樂史上的地位，但在音樂哲學更甚是哲學領域卻無任何研究與發展。將陳暘《樂書》獨立於音樂學、民族音樂學（比較音樂學）、藝術人類學、藝術文化範疇中做研究討論，卻未能從其時代、文化、藝術、思想、政

治及哲學等面向綜觀其《樂書》全貌，僅能視之為音樂學、樂器學研究或田野調查之成果，無法建構其思想系統而為「音樂哲學」。或對於陳暘的生平考據與形象研究，或僅研究注重於陳暘《樂書》的版本考據與句讀，雖對後人提供了研究的入門磚，僅能視之為初步思想的解析，並未建立起陳暘《樂書》的音樂哲學研究架構；陳暘《樂書》的核心精神，與其要特別提出與強調的意見，通常是被忽視的、或是截至目前無人願意觸碰的部分。

在環境時代背景等不可逆的因素之下，儒家思想作為正統道統的地位成為反動的目標，當代以來，學者們嘗試復興儒學，或是和其他思想結合，欲開創符合現代的儒學思想。然而「遺毒之說」卻仍是盛行，第一位指出陳暘是迂儒腐儒的學者，姑且不論是否有確實讀完《樂書》二百卷，即便確實有，其評斷亦有失公允、斷章取義，以致後人不明究理地援引其言論，每逢論及陳暘時，總是跟著罵上兩句，卻無深入思考「凡古必迂」此命題判斷標準的問題。如主張陳暘的復古思想是阻礙音樂進步的因素，殊不知是在無意識中，將其他音樂文化視為標準，而並非和自身的進步相比較。陳暘樂書不僅是音樂的百科全書，其中有其一套基礎理論架構支撐其音樂哲學，同時並具有一份身為「儒士」而對社會的關懷與責任。作者試圖將其樂書二百卷的思想體系重構起來，並為其的歷史定位作一較為中立與對於舊論反轉的評斷。任何復古的想法皆有所因、有所依，此乃吾人著眼研究思考之處，以理性開放而非先入為主的角度重構。

第二章　陳暘生平及其著作

第二章「陳暘生平及其《樂書》」中分為：中國雅樂概述與陳暘生平及其著作兩部分，為進入理論架構研究之前識；第一節以中國雅樂發展變化之脈絡為主軸，對北宋雅樂及其所遭遇到的困境之背景具有基本認知；第二部分為陳暘生平及其著作，以《宋史》、《宋元學案》、《宋會要輯稿》與陳氏族譜等史書，和作者田野調查之成果重現陳暘的生平與性格，並將陳暘所處的時空背景加以交代與說明，北宋時期的政治、文化背景、藝術風氣與音樂思想也對於陳暘《樂書》之音樂哲學具有相當的影響，必先了解其時代背景與其思想，以減少與避免對其個人及其思想的誤解。

「音樂」從「藝術」中被單獨提出，除了具備祭祀與情感抒發的功能之外，更使其具有教化人民（教育）的功能。周代奉行嚴謹的禮樂制度。雅樂

就是在這樣的背景下形成的，並以上述的上古之樂作為雅樂之內容。由此，周代建立了中國第一個宮廷雅樂體系；雅樂即中國古代祭祀天地、祖先、神靈以及祝禱風調、雨順、豐收等典禮時所演奏的藝術形式，它體現在當時的宮廷郊社、廟宇宗堂或政治軍事等各方面，最為周代統治者推崇，並被後來的儒家奉為典範的「六代之樂」；周代設「大司樂」職司音樂之事，囊括了音樂行政、音樂教育、音樂表演三者。由此可知，周代關於「禮」之推行，莫不有「樂」，郊廟祭祀、朝會宴饗、軍旅征伐無不用樂。周文王制禮作樂，周文化可說是「禮樂文化」，「禮樂」囊括周文化的整個層面；「禮」作為其基礎，貫徹政治、社會、經濟、軍事、宗教祭祀、人際關係等層面，不僅以「樂」作為「禮」的表現方式，也是維護宗法封建制度的一種方式。自周代施行禮樂制度以來，這種帶有階級的「禮樂制度」，事實上是統治階級為了鞏固王權意識及其統治地位而設定的，因此周代可說是雅樂的極盛時代，並已有八音、五聲音階與十二律之觀念。

　　自進入春秋戰國時期的動亂，因諸侯自立，隨著階級制度被打破，造成各地區和各民族之間音樂文化的融合，反映著禮樂制度的崩壞，春秋戰國間的動盪造就音樂文化的交流。於此，時代的變更促進了諸子百家對於「音樂」進行的反省：「音樂」不僅作為天與人之間感應的媒介之一，僅存垂直向度，更對於歷史中的「音樂」進行反省的古往今來之縱向思考，並且也開始在音樂的概念上意識到「自身」和「他者」不同的橫向思考，並且能分辨出「雅樂」、「夷樂」（「胡樂」）和「俗樂」（稱之為「散樂」）的差異，並給予不同之評價。孔子的哲學思想以「仁」作為其出發點，以「禮」作為「仁」的形式與表現，「樂」乃是附屬於「禮」；「禮」規範人的外在行為，而「樂」是人追求道德與自我修養的方法，使道德不僅是「禮」的外在規範，而是發出人內在之情，培養道德之情操，因此好的音樂「繞樑三日」使其「不知肉味」。但因以「鄭衛之音」為首的俗樂新起，風靡一時，對雅樂造成極大衝擊，俗樂華麗多變、奢華複雜，因此自孔子開始，俗樂成為孔子與其後儒家所極力反對之音樂，對於俗樂的內容與形式一併否定，大聲疾呼曰：「放鄭聲，遠佞人。鄭聲淫，佞人殆。」（《論語·衛靈公》）「惡紫之奪朱也，惡鄭聲之亂雅樂也，惡利口之覆邦家者。」（《論語·陽貨》）審美的音樂觀。孟子對於音樂的論述並不多，但由「見其禮而知其政，聞其樂而知其德。」（《孟子·公孫丑上》）能得知，孟子的禮樂思想是從孔子那裡一脈相承的；孟子重「禮」，將「禮」

與仁、義、智並列，作為人之四端，藉以顯示人性之善，並進一步指出「禮」的實質就是節制或文飾仁、義二德，而「樂」（ㄩㄝˋ）的實質就是樂（ㄌㄜˋ）於從事仁、義二德，從中產生快樂。表明「智」、「禮」、「樂」（ㄩㄝˋ）的實質內涵都是環繞仁、義二德而來。

　　而荀子則大力主張「禮樂」，是中國第一位將禮與樂系統化的哲學家，是集周文化與儒家的禮樂制度、思想之大成，除了〈禮論〉與〈樂論〉兩篇專論外，其餘諸篇也大量論及禮樂問題，他的禮樂理論，對於以後成為儒家文化基本經典之一的《禮記‧樂記》一書有極大的影響。《禮記‧樂記》中的禮樂理論，可以說是以荀子之禮樂為基礎，同時融會了孔門後學儒家各派的禮樂觀點彙集而成的。奠定在「禮」之別異的基礎上，音樂的本質是「和」，其基礎在於「同」；荀子認為，音樂是必然的文化現象，起源於人心情感的表達。他更強調禮樂並行，是個人修養的最佳方式，禮樂為本，以「樂」輔「禮」，由陶冶心志、培養道德情操，是作為「禮」的內化工夫，因此荀子認為音樂「審一定和」、「以道制欲」，其作用能「善民心」、「移風俗」，音樂能使得社會安寧與平靜；相對地若是禮崩樂壞，則「和」之音樂便不復存，淫聲邪音遂起，故荀子亦反對「淫樂」、「俗樂」，因為這樣不好的音樂會影響人民的情感與意志，使得人民容易產生爭執與紛亂，造成社會動盪不安。荀子認為，應以聖王所作之樂為音樂的標準，「先王惡其亂也，故修其行，正其樂，而天下順焉。」（《荀子‧樂論》）雅樂才是與「禮」相輔相成的，而淫樂邪音則是會傷害人的情感，左右人的意志，使人「心悲」、「心傷」、「心淫」，故荀子說「耳不聽淫聲、目不視邪色、口不出惡言」。

　　儒家基本上承續西周以來的傳統，並且加以擁護與開展。但春秋戰國時期的階級崩潰，民間音樂發展和民族音樂交流已成不可抗拒之勢，並且已影響至宮廷，漢高祖好「楚聲」，正所謂「上有好者，下必甚焉」，宮廷與民間便開始競相尚習。至漢武帝時，河間獻王德來朝，獻所集之禮樂，武帝設立「樂府」，除了復興雅樂外，更命李延年收集整理各地歌謠，命司馬相如等人編為樂章；因此「樂府」的內容是囊括了雅樂、民間歌謠、軍樂和張騫通西域所帶回的音樂，主要分為：「郊祀樂」、「房中樂」和「鼓吹樂」三種。而此時雅樂的發展，本已儒道雜揉，且參雜了候氣與陰陽五行思想，更加入民間音樂和西域音樂，後漢明帝因喜愛胡樂而更其併入雅樂之中。其雖說是雅樂，但實質上已然更變，其精神之式微和形式之僵化已不言可喻了。音樂是為儒

家的禮法與政治服務，為社會中的儒家意識型態服務，未有「為藝術而藝術」
這般較純粹的人文涵養。而至魏晉時期，正是因為社會動盪混亂，現實上受
到苦痛，所以更加追求精神上的解脫，賦予精神至高、崇高的境界，全部寄
託在藝術上；竹林七賢會通儒道思想，意圖用「玄學」的方式來解放精神的
困境，將他們精神上的痛苦以狂放不羈的行為釋放出來，以示對司馬氏統治
的不滿情緒。知識份子們不僅關心社會，亦注重自身的修養與品德，因此音
樂不再單純地是政教的工具，也是修身養性、抒發情感的媒介，至此音樂的
藝術性就與政治性便開始分開來了。

　　晉武帝泰始九年，荀勗以杜夔所作之律，校太樂總章，頒之。至晉懷帝
永嘉之亂，偏安江南，君臣好「吳歌」雜曲，雅樂在「商女不知亡國恨，隔
江猶唱後庭花」的時代動亂與遷移下、治豔俗樂風氣的盛行下，不復得見。
於是南朝梁武帝「素喜鐘律，遂自定樂」，命沈約考定樂制、廣納雅俗，加以
其崇佛，更加入了佛教音樂。南齊自訂郊廟雅樂，北魏宣武帝元恪時，劉芳
以胡入雅。樂律之爭更在此時激烈開展，錢樂之按京房六十律更加以推算至
三百六十律，顯然為了政治與純粹理論，犧牲了實踐可能；何承天亦提出對
於以陰陽五行推算樂律的反對意見。綜觀此時的雅樂，已欲振無力，並且在
本質上已然改變。此時期可說是雅樂萎靡，而胡俗之樂紛雜並茂時期。

　　至隋唐時期，雅樂衰微，空有形式，而燕樂、民間說唱音樂、佛教變文
（佛教故事的傳教說唱）等多元的音樂形式則蓬勃發展。「燕樂」又稱為「宴
樂」或「讌樂」，是泛指在宮廷宴會中所用的音樂。「燕樂」因採俗樂與胡樂
化融合而成，以致風格多元；隋代有《七部樂》（清商樂、文康伎、西涼伎、
高麗伎、天竺伎、安國伎和龜茲伎）和《九部樂》（清樂（原清商伎）、禮畢
樂（原文康伎）、西涼樂（原國伎）、高麗樂、扶南樂（原天竺伎）、安國樂、
龜茲伎、康國樂和疏勒樂）。隋用北周之遺，制訂雅樂。至煬帝時則更將樂工
與民間音樂併入雅樂之中。唐高祖使祖孝孫、張文收考正雅樂，參照古音作
大唐雅樂。而另一方面，唐代興盛的詩樂，得益於音樂機構，主要以雅樂為
主的稱之為「太樂署」、專門管理音樂藝人的「教坊」、專門管理儀仗鼓吹音
樂的軍樂「鼓吹署」、專門學習《法曲》（佛教音樂）的「梨園」和培育舞蹈
人材的「教坊」。雅樂在此時期，雖有專司的「太樂署」，但每經改朝換代，
雅樂就必須重制，其本身已背負著每個朝代的想像與主觀，形式與內容都趨
於返古，且不由自主地迎合統治者的喜好；如太宗作十二和樂、四十八曲，

玄宗作十五和樂、三套樂舞。文宗雖好雅樂，詔太常卿馮定制，但卻也是融合雅胡俗之雅樂。

由於原來的「雅樂」本是皇家特權，偏重於形式復古、內容枯燥，雖然仁宗、神宗意欲重整雅樂，但在此以後，幾乎與原有的雅樂精神與本質脫節，因而難以復之，更在樂律問題上爭辯不休，雅樂凡改定六次，旋改旋廢。第一次為宋太祖用後周王樸所作，但「帝為其聲高，近於哀思，不合中和」（《宋史‧樂志》），遂詔和峴作樂；第二次仁宗命李照重定雅樂，既成即廢，復用和峴樂。第三次仁宗深感樂器之音律未協、形制未合於古，因而詔令阮逸、胡瑗改制，阮、胡二人在皇祐五年（1053 年）將始末與新成樂器樣制輯錄於《皇祐新樂圖記》一書，稱之為「大安樂」，以此替代了李照之樂。第四次為神宗時，知禮院楊傑諫舊樂之失，於是又重定雅樂，但是范鎮又指為「聲雜鄭衛」，上其樂書，楊傑又批判之。直至徽宗崇寧元年（1102 年），宰相蔡京、大司樂劉昺薦魏漢津，阮逸、胡瑗之「大安樂」不用，魏漢津以徽宗之聲為律、身為度，以中指、無名指、小指合為律尺。雖「大晟樂」至欽宗靖康三年亡於金，但早在北宋初期建隆三年（962 年），朝廷和高麗之間便有遣使朝貢的往來，但由於幾次伐遼戰爭的失利，高麗於宋太宗淳化五年（994 年）開始便改向遼國朝貢；仁宗即位後幾乎和高麗沒有外交往來，直至女真崛起，北宋開始積極拉統高麗，雙邊關係在徽宗時期達到高峰。徽宗曾賜大量的禮器、樂器、曲譜、指訣給高麗，其中新成的大晟新樂更是重中之重，因此現今仍能在韓國的傳統文化中，窺見大晟樂獨立不曳的身影，許多在中國已不復得見的禮樂器、音樂制度和文化仍能覓見遺緒。

陳暘（1068～1128 年），字晉之，北宋福州奉政鄉宣政里漈上（今福建省閩清縣白樟鎮雲龍鄉際上村）人。於宋哲宗紹聖元年（1094 年）九月，策「賢良方正能直言極諫科」進士（因此亦有「陳賢良」之稱），依規定布衣平民必須先參加進士鄉試及格，後詔省官舉薦賢良，成績優異前三名者方可參加「閣試」，合格後參加由宰相章淳主持之「殿試」，陳暘考取第三等，「布衣舉賢良，即受以順昌軍節度使推官」。哲宗紹聖三年（1096 年），陳暘時二十九歲，遷太學博士。四年以後哲宗崩，徽宗即位，為推崇神宗熙寧之政，便於即位的第二年（1102 年）改元「崇寧」，以明己志。而陳暘「進《迓衡集》勸導紹述」，因此遷宣德郎、祕書省正字。因進《樂書》（1101 年）遷太常丞，後再進駕部員外郎、講議司參詳禮樂官，禮部員外郎，後擢禮部侍郎，以顯謨閣待制提

舉醴泉觀。政和七年正月，朝議大夫、顯謨閣待制陳暘贈通議大夫。高宗建
炎二年（1128 年）陳暘卒，宋高宗賜御葬，追贈朝議大夫。據《宋史》陳暘
「坐事奪職」，可是並未言明是因何事奪職，考族譜資料發現記載奪職一事之
原因是「鹽鐵利忤旨」。至大觀末年、政和初年，蔡京一度被罷官，其鹽法暫
被廢止，然政和二年（1112 年）蔡京復職，變本加厲推行此法；由時間和事
件看來，陳暘「言鹽鐵利忤旨」而被奪職罷官是極有可能的。陳暘言鹽鐵利
之弊，正是明顯與徽宗、蔡京所主之苛稅政策相左，因此雖說陳暘在主張新
法之列，但蔡京與陳暘對此意見不合也不無可能。

　　雖《宋史》稱其：「已而復之」，尤溪奎兜《重修陳氏族譜》：「後祖父陳
暘幸蒙天佑賢之心，得以回悟主意，復公原職。公即告老歸家。」《容齋隨筆》
卷十五〈蔡京輕用官職〉中載：政和六年（1116 年）十月，宰相蔡京「除用
士大夫，視官職如糞土，蓋欲以天爵市私恩」，故此時「不因赦令，侍從以上
先緣左降，同日遷職者二十人」，其中列有右文殿修撰陳暘為顯謨閣待制，「至
十一月冬祀畢，大赦天下，仍復推恩」。諸多記載皆能證實確有復官職一事，
但並非如重修族譜所言告老還鄉，而是任右文殿修撰，後遷為顯謨閣待制提
舉醴泉觀，朝議大夫、顯謨閣待制通議大夫。後人對陳暘的評價，大致是將
他歸於儒士，從民間對他的祀奉即可知：他的儒士身分及賢良的人格形象是
極為被認同的，成為一種典範。

　　陳暘著有：《迓衡集》、《樂書》二百卷、《樂書正誤》一卷、《禮記解義》
十卷、《北郊祀典》三十卷、《孟子解義》三十卷，除《樂書》外皆已久佚不
傳，因此後世對陳暘的研究目前僅能從《樂書》著手。《樂書》確為建中靖國
元年（1101 年）所呈，著《樂書》的動機，最顯明的動機是因為仲兄祥道，
由於陳祥道志在禮樂，「修禮文、正雅樂」，而《禮書》一百五十卷實已是龐
大鉅作，因而囑陳暘繼承其志、著樂書，以防禮崩樂壞。陳暘受祥道教育與
影響，並表明受其兄祥道之囑託而完成《樂書》。陳暘作為士大夫官員，對於
「禮崩樂壞」的情況應抱有改革之願望，「厘而正之，實今日急務也。」（《樂
書》卷 97）且自漢以降，胡樂傳入，隋唐時佛教音樂隨著宗教而入，且民間
音樂與說唱藝術的崛起與流行，造就了當時的多元文化，北宋的文化在各方
面都有蓬勃發展；在音樂的方面，陳暘憂心的是：「夷以亂華，哇而害雅」，
胡樂和俗樂喧賓奪主，取代了以華夏為中心的觀念及宮廷雅樂的正統地位。
另一方面陳暘《樂書》的用意在於「厘而正之」、「以備聖覽」，對皇帝「遠佞

臣」、「去靡樂」產生警惕勸戒的作用，希望以明訓經典而達到「以正視聽」的目的。

雖然陳暘雖以進獻《樂書》而在官途上得以升擢，但其志應不僅僅在於此；當時他身為禮部官員，應懷抱著「明經正樂」的更高理想。禮樂國家治體之本，其主張：「以禮樂勝刑政」，很明顯地可見，陳暘畢生之志不在於「音樂」，而在「政治」。陳暘期盼通過全面恢復上古三代的禮樂制度，以此明經正樂來維護君臣綱紀與社會安定，只可惜在北宋末這一動亂的朝代，「禮樂之治」似乎不是多麼激勵人心的想法。崇寧元年（1102 年）徽宗以「太常雅樂制度訛謬」、「大樂合奏失之太高」而博求知音之士。很明顯地，崇寧元年的前一年（建中靖國元年 1101 年）陳暘所獻的《樂書》有兩種可能的結果；第一種可能，徽宗根本就沒有研讀《樂書》，才會於隔年又求「知音之士」；第二種可能，徽宗讀了《樂書》，但卻沒有和他的想法相符合，所以於隔年又求「知音之士」；總的來說，就是一種結果：徽宗沒有接受陳暘的看法，而將《樂書》「儲之秘閣，久而未彰」。徽宗寵信蔡京，蔡京薦方士魏漢津，沉迷於奢華且講究排場的舞樂享受，聽信其說法，徽宗遂「以指為律」、「謂之雅樂」並且將之「大晟樂」「頒之天下，播之教坊」。

陳暘《樂書》「儲之秘閣」，後由同鄉朝奉大夫權發遣建昌軍事陳歧得其副本，陳歧於軍中所見陳祥道之《禮書》，可見祥道之書已為廣傳，陳歧自言志於禮樂，而「《樂書》恨未之睹」成為了一項遺憾，恰巧訪其家之遺，得到了《樂書》副本並為其作跋；在其跋中，給予了《樂書》極高的評價，並且認為《禮書》與《樂書》「不可不並行於世」。陳歧先請當時的門生迪功郎建昌軍南豐縣主簿林字沖為《樂書》校勘，又請當時的通議大夫寶文閣待制楊萬里為之作序。由此，《樂書》首刊行於世應於 1200 年左右，在經過約莫一百年的時間，陳暘《樂書》終於重見天日。後又有時人樓鑰校正《樂書》，著《樂書正誤》，按陳暘對於雅樂的要求和恢復上古之制的想法，樓鑰覺得以此為標準的話，則「終不可得」。南宋陳振孫《直齋書錄解題》中亦言《樂書》：「博則博矣，則未能免於蕪穢。」《四庫全書總目提要》稱許《樂書》為「引據浩博」的鉅作，其中的辨論也非常審慎，並將祥道《禮書》和陳暘《樂書》相提並論，評價是「殆相伯仲」，更讚《樂書》在《禮書》之後又對音樂有更專精的見解，論及音律本原和網羅雅、胡、俗各部，廣納各代歷史與蒐集當代的音樂資料，更評陳振孫的批評為「迂謬之見」，並將陳暘提出的「二變四

清」引李照的樂律原理為一個敗筆，陳暘對於五聲音階的堅持，以「七」為「五」增加「二」而來，視為儒士受陰陽五行的影響，而認為蔡元定對樂律的主張才為是，而陳暘並不了解樂律的原理，是藝術為政治服務而提出牽強附會的理論，諸如此類的立論不可為典要。

第三章　音樂之形上學向度（音樂本根論）

第三章為「音樂之形上學向度」（音樂本根論）之探悉：第一部分探討音樂的起源問題，探討的主題乃音樂發生在人類身上的最早起源，即音樂的文化意涵的開端，這是音樂在形而下的世界中，和人類具有直接相關的、最為自然的發展。中國儒家傳統的概念中，音樂的起源來自於「人心」，人心與外物接觸時而有「聲」，聲雜比而為「音」，再加以搭配「舞」而為內容豐富的「樂」，此為音樂的起源問題之推導；而「人心」作為形下世界音樂的起始點，形下的音樂起源問題已找到解答：「樂」由「音」來，「音」由「聲」來，「聲」由「情」來，而「情」乃是「人心」與外物所接產生的「動」的狀態，「人心」的「靜」的狀態為「性」，但對陳暘而言，這依舊並非終極答案。因此，他以「性」為基礎，往形上的向度繼續推論，要尋找出「樂」的終極原因；因而他由「性」推至「命」，由「命」推至「天」，一路推論到最後得出「樂自天出，禮以地制」的結論。而依此脈絡所得之結論，亦為其音樂本根論的主要命題。

關於音樂起源的問題，中國儒者大多繼承《禮記・樂記》中的說法，陳暘亦然。據此脈絡，「聲」由外物引之而發，本於人心之感於物也，感於物而後動，其「情」而已。「聲」是由人心和外物所接觸時，人心產生了「情」，因而所發出的自然聲響。「音」是「雜比而成者」，「聲」的高低、大小、清濁不同，彼此產生相應，是分別不同的數個「聲」所組合而成，卻也能因此而各自區分，雖然我們對於「聲」與「音」的界定是清楚的，陳暘也贊同〈樂記〉中「聲」、「音」、「樂」的分層概念，「樂」又由「音」而來，為先王參照自然秩序與曆法之規律所作，其由來為「配日以律，配辰原樂」，「音」是「樂」的基礎，「聲」又為「音」的基礎。陳暘言：「樂為音之蘊，音為樂之發。」「音」是「樂」的發顯，但「樂」亦由「音」而來，無「音」不成「樂」，但「樂」的藝術形式與文化內涵較「音」豐富，陳暘對於音樂起源的問題在探討之初看似並無新意，然而他卻站在《禮記・樂記》的基礎上，進一步地闡明他對

於音樂的態度、想法以及後續將要繼續論述更深入的核心層面。

「聲」這個答案似乎就能解決音樂起源的問題，但陳暘更進一步地要指出比「聲」更早的起源問題探悉，即「人心」；「聲」以「情」而出，「情」是「人心」與外物接而所有「動」的狀態，人心的「靜」的狀態為「性」，「性」為與生俱來的本性，萬物有其本性，人亦有其「人性」。人初生之時未有情欲，一切天性靜秉於自然，其本心雖然「靜」，但不可避免地感於外物的「動」，便有「情」，是喜怒哀樂等情感於外在的呈現。承接《禮記・中庸》「喜怒哀樂之未發」便為「性」，是尚未與外物接的一種清淨狀態，故稱之為「中」；而「喜怒哀樂之已發」便為「情」，必定要「發而皆中節」才能稱之為「和」，如若「發」而不「中節」，即「過」與「不及」，那麼就是「不中」了。「性」與生俱有，於靜為「性」，而於動為「情」，「情」必須是「性」見發於外的表現。「性」皆為天生之本性，只有與外物接時才會顯現出「情」，「情」是「性」的外部表現，以情感為「情」的主要內涵，因此在這裡能明確區別出「性」與「情」的差異，「性」是天生具備與生俱有的本性，當與外物接觸時，才會從內而外顯露出「情」，意即，「性」的外部呈現與表露就是「情」，「性」不見物則無「欲」，而是因「情」而有所貪求。「性」與「情」並不是兩個矛盾反對的概念，並非善惡二元對立的概念，而是「心」動與靜轉換的關係。

然「樂」所涵之「情」，雖是「情」，卻是「修身養『性』」的存養本性之法；「情」乃人之所不免，而「樂」亦由「情」出，但即使人心為「動」之狀態，陳暘指出：「因性復命，因情復性」（《樂書・卷三十七》），因此為陳暘而言，由「樂」之「情」可復「性」，由「性」可復「命」，即「禮」與「樂」是殊途同歸，旨於復靜養性。而「欲」所指涉的是「情」之「過」與「不及」，尤其是「過」，陳暘言：「過則失序矣。」人不停地與外物接觸，每一次與外物接，並且有所感，「情」的好惡就產生了；若人並不節制此「情」的好惡，每每被外在欲望所誘惑，並且從之，放恣情欲，不能節制自省，其天生清靜之本性不彰顯，而窮極人的貪求欲望，於是遂有為滿足欲望而損人利己的行為產生。音樂不是滿足感官享受，這些都並非為「欲」而服務，故先王制禮樂為道德的規範標準。「酒」、「食」、「樂」等欲望皆「人情不能免」，如沒有「情」，人生將會平淡無味，但是「過」又會造成欲望橫流、禍亂叢生的現象。因物之感人無窮，人的欲望就無窮，每與外物接觸，人的情欲就想得到滿足，無所節制、無所不為便是使人跟從欲望的腳步所役使，其天生清靜之本性不

彰顯，而窮極人的貪求欲望，於是遂有為滿足欲望而損人利己的行為產生。

　　因此陳暘主張「復性」，「復性」並非「滅情」，「情」乃自然而有，僅能「慎其所以感之」；「復性」即人心保持在「靜」的狀態，靜則「萬物無足以撓之」，其指出：「因性復命，因情復性」（《樂書·卷三十七》），陳暘認為「性」是與生俱有之，為「生之質」，因此按其自然而為之，即道之體現，「復性」即「歸根復靜」，因人心原是「靜」，即「性」，而人心與外物接時，乃若其「情」，但卻能避免「情」對人意念的主導，左右人的自由意志，「靜，安性命之理；動，安性命之情。」雖然動靜皆得宜，但不動情而復性確是更高一層的體悟與境界。陳暘以〈樂記〉的心性論觀點，以道德主體的心性論為主軸，加上老子「歸根復命」的自然主體，說明了「性命」的自然與本然，發揚《易傳》「窮理盡性，以至於命」的想法，並且和〈大學〉主「靜」的特點極為相符。再者，其思想脈絡和〈中庸〉「天命之謂性，率性之謂道」的論述一致；「性」從生從心，由「性」往前推論到「命」，指出有「命」才有「性」的必然關係，即「天命之謂性」。而「命」從口從令，由天賦予，〈大雅〉言：「有命自天」，「命」即是由「天」向下垂降的一條繩索，人以盡性知命向上攀爬，而到達天人合德的狀態，即天人合一的道德意志；「天」由「性命」下貫人與物，而人則循「性命」而上與天合，即呼應陳暘其自以《易》所言之「元亨利貞」。陳暘最終主張人心要回歸「靜」的狀態——即「復性」；「性」由「命」來，「命」由「天」所決定，此一根據乃是陳暘秉持〈中庸〉：「天命之謂性，率性之謂道。」之立場。

　　因此需要「禮」作為規範，而以「樂」作為將「禮」陶冶內化的方法之一，其重點在於「合情制欲」，以及「德」的培養。禮樂的本質並非為「形式」，而是出自於合乎人性的「情」，目的在於防患於未然的「防其淫侈、救其凋敝」。「樂」亦是自然的「人情」，只是君子樂於得仁義之道，小人樂於得欲望之滿足，雖「樂」而不亂，有其標準和規則，但並非為「欲」而服務，人因有「情」而能有「欲」，但「過」與「不及」是人把持與拿捏的分寸，喜怒哀樂敬愛等「情」皆要受約束和規範，因而「和」成為更加重要與核心的觀念。陳暘以：「蓋樂者，根之人心，本之情性。」為前提，導出有具有真摯情感、合於節度的「情」，才是真正的「和」、真正的「樂」。快樂亦有等級之分，可是要能夠盡量克制自己的欲望，不無所限制地為所欲為，作欲望的主人，而非欲望是我們的主人，那麼我們就需要「和諧」與「秩序」，因此「禮」與「樂」

是一種規範與標準，幫助我們「合情」卻不會「過」與「不及」，「禮」規範外在行為，而「樂」修養內心，這是一組不可分割的概念。

音樂可往形上向度溯源尋根，由「人心」逐步推論至「天」，由「樂自天作，禮以地制」的命題說明「天」的內涵；然而「天」並非為終極原因與原理，只是作為一個形上歸屬，陳暘的目的是要進一步論述「以道寓器，以器明道」的命題，說明「道」乃是終極原則原理與規律性，正因如此，形上的「道」與形下的「器」並非斷裂的，而是「體」與「用」的兩個面向。經由形下把握形上，才能回頭肯定形上為形下之本根。陳暘《樂書》直指音樂根源問題的起點：「樂出於虛」，而「虛」的內涵與意義是無形的，直指「道」的觀念，相對於「實」的有形的「器」。在大化流行，亦指出「陰陽」二氣與「五行」的運作；而後論及「陰陽五行」作為一種基本元素的形式象徵，如何承載形上一連串的概念而落實至形下世界，形下世界成為形上世界的載體，並且由於所有存在的同質性，連結所有存在之間的關係，形成宇宙論之結構。此根源問題，不僅是陳暘對於形上學問題的一個終極答案，亦是作為其音樂理論的基礎。

「樂自天作，禮以地制」的命題，是陳暘由形下往形上推論之過程而得，此命題藉由「樂」貫串了形上與形下的世界，最終推至「天」，停留在形上世界，乃一垂直向度；「禮以地制」的命題，顯示出形下世界的倫理規範，關切的乃是橫面向度。陳暘用「以天兼地」維繫住了垂直和橫向的兩個向度，如此使「天人合一」的境界成為可能，人之「德」亦才有形上基礎作為其支撐。陳暘承襲《易》的傳統，奠基於「一陰一陽之謂道」（《易‧繫辭上》）的形上學基礎上，陳暘賦予「樂」一個形上的根源。因此「樂由天作」即作為其音樂形上學的命題。將「天地」與「禮樂」兩組觀念安放於藉由陰陽二氣成和交通的說明之中，禮樂即是陰陽之承載的形式之展顯。「樂由天作，而其道尊；禮以地制，而其道親。」（《樂書‧卷十一》）「天」主「和」、職「覆」，天道為尊；「地」主「序」、職「載」，地道為親。「天」以陰陽二氣化生萬物，乃為一無意志之「施」的行為，而因「樂由天作」，「樂」亦成為由天所施；而「地」作為萬物的載體，乃為一「報」的行為，而「禮由地制」，「禮」即成為地之所報。天地二者一覆一載、一施一報，猶《易》所謂的一闔一闢為「變」——即大化流行，二氣感應和合，亦即「天行健」與「地勢坤」之詮釋。宇宙萬物莫不由「天」的陰陽二氣交通成合而來，而以陰陽二氣和合而成的萬

物，則必是有形；有形載無形，無形化有形。

　　而陰陽的發顯，在人身上即是「仁義」，仁義之展現即在禮樂，而禮樂歸根究柢，乃是來自於陰陽；故陳暘言：「然非陰陽，吾無以見禮樂。」（《樂書・卷五》）據此，以「陰陽」貫徹「天地」、「仁義」與「禮樂」等觀念，即「樂由天作，禮以地制」的命題憑藉「陰陽」的觀念得以成立。至此，顯而易見，陳暘的宇宙論以《易》的觀念為本，發展以陰陽的盈虛消長說明「天」之運行，而「天」依據「道」而運行。陳暘的「天」與「道」的內涵意義不同，「天」雖作為化生萬物的形上歸屬，然更進一步卻存在著更高的「道」——即終極原理原則、自然的秩序性與規律性。陳暘的「天」並非「道」，「天」的運作亦必須遵守或依循「道」而運行；因此「天」具有一層面及程度意義上的自然天，不再作為人格天或意志意義的天，而是含有化生、弘大和德化意涵的「天」。

　　如此一來，「天」具有宇宙本原的意涵和客觀必然性。雖然儒家「禮」、「樂」並提，但陳暘刻意將「禮」限於形下世界，作為放諸四海皆準的秩序與規範，而將「樂」的地位提高至形上，且作為形上與形下的過渡與銜接點；然「樂」又不可無所依憑或為所欲為，因而必有「禮」節之，彼此相輔相成，卻又相互約制。陳暘仍是企圖維持「禮」與「樂」在地位上的平衡，亦即維持「陰」與「陽」的平衡，重申其「樂由天作，禮以地制」的命題。據此，人可依憑陰陽二氣與其他物類相為感應，因人與天地萬物皆具有同質性與同構性，「禮出於天地之性，樂出於天地之命。」（《樂書・卷九十》）如此，垂直向度的超越——「天人合一」才有其可能。

　　「天」作為陳暘形上的歸屬，其終極目的在於說明「道」，陳暘的道器論乃其形上學中極其重要之部分；「道」並非一實體，而是一自然規律，此規律的詮釋來自於《易》生生不息的概念，因此陳暘的「道」有「天道」、「地道」、「人道」、「樂道」、「仁道」、「智道」等，「道」於不同的「器」的發顯上亦有所異，但總的言之，不出一個「道」，如卷五所說：「道之在天為陰陽，在人為禮樂。」「道」囊括了所有其他的「道」，而此無所不包的「道」亦作為「天道」、「地道」、「人道」、「樂道」、「仁道」、「智道」等「道」之基礎。道器之間具有相互依存之關係，「道」既非作為一實體，無法獨立而存，必須憑藉載體「器」以呈顯自身，因「器」無「道」不存，「道」無「器」不顯，道不離器，器以載道。

　　道器論的起源由《易・繫辭》:「形而上者謂之道,形而下者謂之器」為濫觴,將「有形」與「無形」一刀二分作了區隔:形上視而不可見、觸而不可及,是虛、是無,言「體」——即「道」;形下視而可見、觸而可及,是實、是有,言「用」——即「器」。「樂」有「樂道」與「樂器」,樂器以明樂道,即以律呂之器明陰陽之道,然又「非陰陽吾無以見禮樂」,若無形上理論基礎的支持,即「道」不在「器」中,吾人也無從見道或得道,「器」也僅僅是無任何意義的「器」。即,樂並非只存在於形上抑或形下世界,「樂」即是「樂」,樂本身即是體亦是用,其體——「樂道」與其用——「樂器」本無二致,「樂」是超越形上與形下二分的。道無形,必使有形載之,如書冊琴瑟等介質,器物之設,乃先王以「形而上者之道寓形而下者之器」(《樂書・卷一〇三》),「明道之象以制器,即器之體以寓象。」(《樂書・卷九十三》)。「道」與「器」之間有著若且唯若之邏輯關係,然就陳暘的理論結構上而言,「道」的地位仍舊是高於「器」的,得其義與象,物器皆可忘,與《莊子・外物》中所言:「荃者所以在魚,得魚而忘荃;蹄者所以在兔,得兔而忘蹄;言者所以在意,得意而忘言。」如出一轍。本道制器、因器會道,義象為體、物器為用;故言其原則上「道」高於「器」。如上述所提:「天可以兼地,地不可以兼天;猶形而上者可以言器,形而下者不可以言道。」因而,「道」與「器」的銜接與落實,遂憑靠陰陽與五行觀念作為一個中介,成為形上根據奠基的一個課題。

　　陳暘以「數字」——即「五行」的「五」開始進行論述,人不僅僅是和天地及萬事萬物具有陰陽二氣的同質性與同構性,和「五」這個數的本身亦有極大的關係。天地人三才的「三」加上陰與陽二氣的「二」,即得數為「五」;此合理性來自於前人對於天地自然的現象以及人事活動的觀察,而這些觀察似乎得到一些規律性。並認為「五行」是認識世界的方法,即為「窮理之至」(《樂書・卷八》)。而陳暘以《易》中數字的詮釋用以解釋五行的具體內容——「木、火、土、金、水」五個元素或局面,說明五臟——肝心脾肺腎、五聲——角徵宮商羽、五事——君臣民事物、五德——仁義禮智信、五方——東南西北中,與其相對應的關係,並將五行對應的各種形式和型態仔細比對;五聲本身是概念,八音則是「寓於器」的五行之「五」加上三才之「三」的理論呈顯,因此在抽象的數字理論上的運算,再對應現實世界中的種種,並且有一所有存在都具備陰陽二氣同質同構的大前提之下,加以前人對於理論的加強推論,陳暘更是對五行理論堅信不疑。所以古之聖人「文以五聲,播

以八音」，「究極中和，順天地之體，合鬼神之德，通五行之性，遂萬物之情者也。是故上古聖人本陰陽別風聲審清濁，鑄金作鐘，主十二月之聲，效升降之氣，立和適之音。」（《樂書·卷一百二十一》）

中國古人對於音樂的研究，大致上並非科學式的研究，而是奠基於數字理論以及感官上的直接感受。五行的觀念起源亦甚早，和五聲更是有密不可分的關係，於早期經典如《尚書》、《左傳》、《國語》中皆可窺見一二。五行作為一種說明世界宇宙萬物生息的規律和形式，一開始起於對世界的直觀性認識，起源極早，零星地散佈於《管子》、《墨經》、《史記》、《漢書》、《禮記》等各典籍中，而無系統性的專著；如同先蘇哲人提出「地、水、火、氣」的四元素說，印度的《奧義書》中也提出「梵」創造了五大：「地、水、火、風、空」，這些元素說明宇宙琳瑯滿目的萬物，及其生成變化的原理。而後漢儒用其於政治、社會、哲學、科學等方面，使陰陽五行之說對中國傳統文化的影響極為廣泛而深遠，亦有一層神秘而無法揭露的面紗。而至漢代五行思想已臻完整，較完整的論點見於漢儒《呂氏春秋》、董仲舒及其學派的《春秋繁露》、劉安《淮南子》及《白虎通義》，「五」這個數字已和所有事物作起更多的聯結。《黃帝內經》中更具完整的五行思想系統，並且發展出一套「五音入五臟」的音樂治療思想：如音活血脈、五臟相音、五音入五臟、樂與藥通等觀念。陳暘接受了先哲的五行學說，並採納先哲將五行之說融入儒家的形上學說中，並將其繼承與外推；且於典籍中可窺，五行之規定與五行對應的關係如出一轍，因此可清楚地構出這一套說明世界的形式，亦由此可見五行和音樂的之間關係，仍是出於陰陽二氣而具有同質和互通之性。五行理論為陳暘音樂理論中的重要一環，乃因五行理論是其用於奠基支持五聲音階的有力論述。

陳暘既以「道」作為形上之基礎，「陰陽」與「五行」則為形上落實於形下世界的運行法則，即萬事萬物皆奉此規律而遵行之，而由萬事萬物之中亦可窺見陰陽五行之原則，進而又可一探形上根源之奧秘，即「道」與「器」之間，有「意」與「象」之存。樂器遵行著自然——即「樂道」運行，樂器之中實可見樂道，即五聲八音乃樂之「器」，卻不僅為樂之器，亦可見其中之「象」，而即可透過「象」達「意」，能知樂器中實有「樂道」存焉。五聲為器，五行為象；八音為器，八卦為象。「器」為具體，「象」是抽象，象與器同用以載道，呈顯道之存，並且承接與落實「道」之運行。而陰陽五行作為萬事萬物之象，是吾人認識萬事萬物而抽取出的普遍性與法則，即道之運行，

因此「萬物人事非五行不生，非五行不成，非五行不滅。」（《樂書‧卷一〇七》）於音樂中觀之，陳暘將五聲以依循五行為「象」之規則，因此五聲與五行即有對應之關係，而五行和其他的萬事萬物亦有對應關係，如此五聲即和萬事萬物具有同質同構性的對應關係。

陰陽的「二」、三才的「三」、五聲五行的「五」、六律六呂的「六」、八音八方的「八」，這些數字代表著萬事萬物抽象的「多」，而在此「多」之中，「道」的「一」可以統攝此「多」，而並非執著在於數字本身，「器」雖多，然器中有「象」；「象」雖多，終歸直指於「道」。音樂亦同，「樂器」雖多，然其中有「樂象」；「樂象」的「數」雖多，然若不直指「樂道」，再多的樂器與樂象，其本身亦為徒勞。八音以「用」而言乃為演奏，即比音之器；八音以「體」言之，即為樂器之材料：金、石、絲、竹、革、木、匏、瓦（土），雖八音樂之器但非僅僅為器，非器之器乃在於其「象」——八卦，可對應八方、八風與八極等，如同五行對應五聲、五臟、五色、五情等形式。虛寓於實、形上寓於形下的規則，即合乎「道」的運作與準則；「器」比音、比物後，再比陰陽、比五行、比八卦的「象」，陰陽五行與八卦比「道」，如此由形下之器中實可窺見形上之道。

樂由天作，由形上落實形下，此為一條由上而下之道；以器比象、以象比道又是一條由下而上之道，如此形上行下密不可分，體用不二。堅守中國音樂奠基於五聲八音十二律的立場，由此，不難理解陳暘之哲學理論如何確立，且因其如此根深柢固之思想脈絡，進一步滲透其樂學思想，而有反對四清二變之意見。然而其真正的癥結與問題，乃在樂律或言樂學原理之問題。陳暘所認定之樂學原理即以上述所論之兩條進路而來，對其而言乃為牢不可破之真理；而因此對於「五」與「八」數字的「象」具有堅持，亦即其反對七聲音階——即二變（變宮與變徵）之理據。而中國之樂律本身亦有不同流派之各自主張，而「論律紛紛」此一大難題直到明代朱載堉提出十二平均律時才得見解決。

第四章　音樂之藝術哲學向度

第四章「音樂之藝術哲學向度」中，作者提出陳暘音樂哲學之理論主要有兩個部份：第一部份為音樂學以及樂理理論的問題——「辨四清、明二變」，尋出此形下原則乃是緊扣形上之原理而來，形上與形下之相通，即「道」與

「器」間有「意」與「象」之存，由形下之「器」抽取歸納出「意象」，再由此「意象」吾人可沿此脈絡上攀而至形上之「道」；五聲八音為「器」、五行八卦為「象」，象器同以載「道」，並銜接形上與形下兩個世界，使形下之器按「意象」為運行法則，終歸直指「道」。根據三分損益法自然得出對應五行之五聲，而樂律遵從「意象」而為，據此反對二變與七聲音階（含有以變宮、變徵為主調根音之兩調式）；而「四清」乃為一個八度中之十二個音，加上超過一個八度的四個半音，但為了與意象的五行之相對應，陳暘犧牲了既存事實而強以力拒四清，顯為掩耳盜鈴之論。

樂律必考尺度標準，但樂律之難題在於尺度以「相對性」而非「絕對性」，僅有數字作為律學之基礎，而無衡量的絕對標準。古人以作物「黍」之長度為衡量尺度的方法，「一黍之廣，度之九十分，黃鐘之長。一為一分，十分為寸，十寸為尺，十尺為丈，十丈為引，而五度審矣。」（《漢書・律曆志》）然尺度的標準來自於「黍」的縱橫長度，農作物受時空環境影響甚鉅，更況每經朝代更迭，旋又立新曆法、訂定新的度量衡與雅樂，因而對於尺度與樂律的訂定爭議紛亂不休。但陳暘對於以黍度量和樂律的主張在於崇尚自然，律、曆、度、量、尺皆出於自然。早於漢代時便起樂律之爭，據文獻所載，文人至少對雅樂有過三次的考正——京房、劉歆與蔡邕，因三分損益法運算十三次後，仍回不到黃鐘音，至宋太祖趙匡胤承周祚，沿用王朴所定之雅樂，但「以雅樂聲高，近於哀思，不合中和」，詔和峴「別創新尺，以定律呂，自此雅音和暢」（《宋史・樂志》）和峴論樂聲之高疑在尺短，并去四清聲，陳暘贊之「曠世舉也」。

然太宗趙炅復用教坊樂，教坊樂律更高，並見太宗所製曲皆為胡俗並用；仁宗趙禎命李照考定樂律，李照以水校黃鐘為龠之法，其律較王朴律低二至四律，以十二律不用四清聲製鐘磬，然仁宗覺其太低；陳暘亦評之：「雖適一時之用，其去古遠矣。」「自立一家之說，非古制也。」仁宗後又用阮逸、胡瑗所定之律尺制樂，賜名「大安樂」，然因司馬光與范仲淹的爭辯，使此復古雅樂的焦點受到模糊，後因仁宗遇災病，罷大安樂而詔禮部侍郎范鎮上新樂，范鎮律更比李照律低一律；李照律、范鎮律不用四清因而受陳暘稱賞：「何其智識之明而遠過於諸子」，但卻仍使用二變；至此北宋的樂律之爭已然可以說是懸而未決之公案。而陳暘支持以秬黍為度量衡的原因，乃是認為秬黍非重在縱橫，而在乎「得天地冲和氣所生者也」；黍真則尺定，尺定則律均，律均

則聲調。尺度每朝代皆重定，而黍的縱橫卻是相對世界之中較為絕對的長度，因而以「絫黍度之」求其黃鐘，即不再有樂律之紛爭，並且將雅樂「去四清二變與胡俗之調而作之，庶乎先王之雅樂也。」故陳暘綜歷代以來尺度，本古制思想：「黃鐘九寸」，而以絫黍之法作為衡量標準，陳暘抱殘守舊堅守古制「黃鐘九寸」，然此「九寸」之結論僅由「黍」為天地自然之物而得，顯然逃避了度量衡的絕對標準之問題，此確是好讀書而不求甚解之舉，雖是對度量衡的問題作了部分逃避，其著眼之處仍僅限音樂。但「道」落實在「器」中的理論，依藉陰陽二氣與五行理論作為一種銜接，是認識「道」與「器」的方法論，並且為音樂學理論——「五聲音階」作了一個牢固的基礎。

第二部份則是關乎鑑賞論及批判理論，亦涉及中國文化之論題——「雅胡俗之論辨」；「雅胡俗之論辨」此議題又可細分為「華夷」與「雅俗」之間的相對問題——即「華夷之辨」及「雅俗之辨」；至此音樂之討論範圍更為擴大，不單僅是文化問題，更是關乎審美、民族與社會階層之問題。其中探討中國的華夷——「我」與「他者」的身分認同問題，以《春秋》為討論之出發點，並以「禮」此一文化行為作為「華」與「夷」之區分標準，存在「非我族類」的團體主觀的價值判斷，而雅樂作為「華夏」文化的正統代表，需維持其純正及其優越地位，對於胡夷之樂主要之使用於外交，力摒胡夷之樂之元素進入或影響雅樂，並以雅樂之「中和雅正」的精神與特色試圖更化各地民情風俗，使四方來服，而使「華夏」這個文化的想像共同體能更為擴張。

中國於很早以前即關注華夷之別，華夷問題核心不單兼攝文化、血緣與地域的概念，更是一個「想像的文化共同體」，以土地、血緣、共同語言和習俗為對象作為集體的文化想像，指涉著一種集體的身分區別與認同；在與異文化交涉與同化的同時，以「差異性」同時對照出關照異己的自我，更清楚自我文化的限度與框架，並對其內容進行省思。傳統中國華夷觀念的探討圍繞在《春秋》的思想核心——「尊王攘夷」，《春秋》的華夷之別為一純粹的文化行為論述，因「華」與「夷」之間的界限是以「禮」作為區別，傳統中國觀念傾向將華夷身分與認同定義為文化身分，即二者之間可以透過文化行為——「禮」的改變而有所變動，故華夷概念的主體及詮釋內容皆是游移的、可擴大縮減的，後人延續「普天之下，莫非王土；率土之濱，莫非王臣」的中國傳統觀念。

沈括於《夢溪筆談‧樂律》中即言胡夷之樂自唐代的流通與盛行，北宋

承襲如此風氣，在宮廷與民間皆有受胡夷樂滲透之情形，以華夏集體的觀念而言，雅樂是具有純正代表性的文化內涵，聖王應維持雅樂的純正，而對於胡俗之樂則必須給予限度節制，對於胡夷之樂則必須懷有寬大的胸襟去包容接納，使不同功能、不同特色的音樂皆得各司其職，尤胡俗之樂不可僭越其位，雖皆可有所不廢，亦「存之不為益，去之不為損」，然皆不可亂華干雅。雅樂可化民之風俗、調養民之情性，因而可產生移風易俗之效，另一方面以期胡夷皆可受「禮」之薰陶而能學習華夏文化；以政治方面言之，亦能使華夏集體更為廣大強健，並且能互助互利。然雅樂本身卻不可受胡俗的影響而有所更動，需維持本有的華夏純正，將文化集體想像予以「中國化」與「正統化」的擴張，以將雅樂「中和雅正」的精髓精神推而化民，使民情各異之風俗統齊，而非以夷亂華的本末倒置。俗樂作為娛樂之功能，而胡夷之樂的功能在於外交時的使用。

陳暘以漢明帝作為君王對胡夷之樂的態度之建議，使原本「華夏」或「中國」的文化想像集體之外的族群能夠「去彼適我」。陳暘特別魯公因以天子之姿用四夷之樂而僭禮，由原本華夏的文化集體身分排除出去，成為「蠻夷」的定位；相對的，若蠻夷遵從並接受華夏之「禮」的渲染，可由蠻夷身分進一步成為華夏的一份子，即「夷狄華夏則膺之」，因而這個華夏的集體想像圍繞於「禮」的核心；禮樂不可分而言之，「樂」既作為文化的一個重要部分，華夷之樂的區別與評價自然依附著傳統的華夷觀念；雅樂的特色是「中和雅正」，夷樂因其風俗各異而樂舞亦各有特色，然「夷不可亂華，哇不可干雅」，胡夷之樂萬不可入雅而喧賓奪主，雅樂需維持其作為「華夏」的文化想像集體的純正性與優位性。

其次是「雅俗之辨」，雅俗之分本身帶有審美意識、文化意識、政治意識、階級意識與價值判斷，陳暘認為「以俗害雅」主要有三個原因：漢代樂府廣納民謠而受俗文化之影響、唐代胡樂之盛而以胡入雅、北宋宮廷之中來自民間的「歌工樂吏」以俗害雅；合而言之即一個主要原因：雅樂因時間嬗變，而導致人為因素較重而去雅甚遠。總而言之，雅樂、胡夷之樂、俗樂三者需各得其位、各司其職，俗樂與胡夷之樂萬不可入雅干雅，使雅樂失去其華夏民族之純粹性、正統之代表性、政治指標性、社會階級性，與「中和雅正」之精神象徵性。

自孔子「惡紫之奪朱也，惡鄭聲之亂雅樂也，惡利口之覆邦家者。」(《論

語‧陽貨》）以降，儒家對於雅俗之樂的見解，大致上一脈相傳，其承襲儒家傳統對於「雅俗」為一組對立概念，即便尊重並接納俗文化，承認此乃天生自然之情性與反映，於傳統觀點而論，仍是以「抑俗崇雅」作為一種基本態度；因此傳統的雅俗之辨本身帶有價值判斷之性質，包含了審美、政治及階級意識等。北宋時期雅俗之辨的契機，在於漢代以來俗樂相當盛行，文人知識份子對於「俗文化」的反思：如白居易認為「俗」乃自然情感的流露，人皆有之，因而傳統觀點的「俗」並非「俗之俗」，而是「雅之俗」，並主張從眾的「尚俗」；黃庭堅以淡泊生活為目的而導致的道德觀與審美觀，推崇「脫俗」；蘇軾提出「超凡脫俗」的見解，以導致更有「化俗為雅」、「借俗寫雅」的想法，將「陽春白雪」與「下里巴人」相提並論；劉知幾主張「以雅為俗」、陳騤提倡「貴俗」、陳師道主張「寧僻毋俗」等等；而後替陳暘書序的楊萬里，更主張「以故為新，以俗為雅」。由此而知「俗文化」普遍受到文人雅士的喜愛，雅俗之論辨與雅俗之間的分界更是討論的重點。因而陳暘或應受到此一潮流的影響，提出了北宋時期「樂」的雅俗難分，乃源自前朝的「末流之弊」。因中國古代並無較洽當妥善的音樂學習的記錄方式，無論雅樂俗樂皆為師徒面授、口耳相傳，漢代以降，樂府採風廣納民謠，因而雅樂一經時間遞變或是失傳，或是去雅逾遠；其次為唐代俗樂之盛，以俗入雅；第三為大曲的日益複雜，而唐代大曲又更細分，並納胡樂於其中。此三者皆為「亂雅」之因。

　　故陳暘的主張乃為：於雅樂中屏除胡俗之元素，而非對於胡俗之樂的全盤否定。如朝廷祭祀、朝會、宴饗、出入、教化人民、移風易俗之時「當用雅樂非用教坊樂也」（《樂書‧卷一百九十一》）其對已存之俗樂的態度為：「猶九流雜家者流，非朝廷所用之樂。存之不為益，去之不為損，民間用之雖無害於事」（《樂書‧卷一百三十三》），因俗樂乃「詩者，民之情性；歌者，民之懽心。」（《樂書‧卷一百五十八》）俗樂放縱民之情性、使欲望得到滿足，而情性又因風土民情而各有所異，倘若僅將「樂」視為順其情性之抒發、抑或感官欲望刺激的追求，則將使人民百姓「逐末反以忘其本，思欲以害其道。」（《樂書‧卷十六》）因此，陳暘對於「雅樂」的定義極其嚴苛，並且將標準明確地點出，以「中和莫盛乎五，故五之數，在易為中爻，在禮為中庸，在樂則主中聲而已。」（《樂書‧卷一百五》）的「中」與「和」作為雅俗之別的準則，「中和雅正」是雅樂充分且必要之條件，亦為其精神與特色，但凡不符者陳暘即否認其為雅樂；俗樂大多為民之情性的情感表達、感官欲望的追求

與滿足,而因風俗民情又各異多元蓬勃發展,因而不合五聲雅樂即為「俗樂」、「淫樂」、「桑濮之音」、「鄭衛之聲」,民間用之雖無害於事,卻亦必以不入雅或干雅為首要前提。以中正和雅的「正聲」為「雅」,使用「七聲」與溺於「四清二變」是為「不適中正」,即未全於雅樂、未純乎雅樂者,過度推論將其推上了一個非黑即白、並且極端的「淫樂」觀念。

第五章 音樂之價值哲學向度

本章包含「音樂之倫理學向度」與「音樂之美學向度」兩部份,而音樂之倫理學向度中又包含「音樂道德修養論」、「音樂政治教化論」與「音樂宗教論」。音樂之價值學向度包含「倫理學」與「美學」之研究,陳暘論其目的與作用言:「律之為用,窮天地之聲,盡天地之數,播之於樂,動天地、感鬼神、動人心、變風俗。」在人和自然的對話——「動天地、感鬼神」,以及在人我、人和社會的對話——「動人心、變風俗」之前,必有人和自我的對話——「誠」,即以「樂」進德修身以全「性」,方能「動天地、感鬼神、動人心、變風俗」。

第一部份為音樂之倫理學向度,包含音樂道德修養論、音樂政治教育論與音樂宗教論:音樂的道德修養論部分,提出陳暘所主的「誠」概念,指出以「誠」作為起始,仁義皆得則有德,仁的本質為「愛」、義的本質為「敬」,仁義為禮樂之體、之本,禮樂為仁義之用、之華;陳暘在「性」的論述上,開展「誠」與「德」,並且說明人藉由音樂與自我的對話中,為何「樂」與「德」之間有所關聯,而又為何以樂進德修身能達到主靜復性之效。進德居業為禮之本,而禮之本在道,即「得道之謂德」,「德者得也」。因而「修德」作為「得道」之前提。陳暘言性情並非清晰,僅以狀態言「心」的狀態可分陰陽動靜,即心靜為性、心動為情,其所言「天命之謂性」的「性」是「生之質」,「是本先於根而存乎道」,雖與生俱來然並非全然純真樸實無暇,可受環境影響,經由人的自由意志選擇,能使自己在仁人或不仁之人之間做選擇,雖「天命之謂性」,然「德為性之端」,「性」未必是全善,亦有受制於「性」的本能欲望,因而人的仁或不仁,實非性之罪,而是由於人的自由意志的選擇;天命賦予如此人性,而吾人仍有決定成為一個仁人或不仁之人的選擇。

按陳暘的見解,「性」有「性之德」與「性之賊」的二分。性之德為「誠」,性之賊為「偽」,雖無明確定義但顯於所見和「誠」相對立。據「性之德」與

「性之賊」、「誠」與「偽」的對立，以及「德者，得也」的意見，可以預設「性之賊」——「偽」為「損」，天命的性可由人的自由意志選擇「得」與「損」，禮樂皆得而有德則能全性，人偽之則損性；德全則性全，性全則神全。禮樂起於人心，人可欺人但必無法自欺於心，如同仁愛是也，章德報情反始即「誠」之發顯；「禮樂皆得」作為「德」的首要條件，而禮樂以「誠」為必要之前提，禮樂若「偽」則必不是「德」，存誠去偽、中正無邪根本亦在人心之「誠」，則姦聲亂色、淫樂慝禮等外在環境與條件即無法對吾人產生不好之影響。「德」為「性之端」、同時亦為「禮樂之實」，而「禮」為「德之容」，「樂」為「德之華」；即禮治其外，樂化其內，「禮」主要修正人的外在，亦即行為規範，而「樂」則是修心之法，平定心志與正己正人；「禮」與「樂」乃是一剛一柔、一內一外的修德以致性全之法，實質上乃是一體兩面。而「禮樂」作為修養「德」的方法與途徑，和「仁義」之間亦有著一體兩面的關係；仁為陽，仁的本質為「天性之愛」的「愛」，見於行為則為「行（仁義）而樂之」（《樂書‧卷二十八》），展現出「天地之和」之「和」的本質，此皆由天而來而屬陽；禮以地制而屬陰，義的本質為「天性之敬」，見於行為則為「言而履之（仁義）」（《樂書‧卷二十八》），展現出「天地之序」而有別的「敬」的本質（《樂書‧卷二十八》）。

陳暘將「天地」、「禮樂」、「仁義」、「愛敬」、「和序」以至於「言行」，將諸多的相對相容之屬性與形上的「陰陽」概念緊緊相扣相連，而具有強而有力的說服力與顧及形下與形上的緊密連繫。雖仁近於愛而非仁、義近於禮而非義，然仁的本質為「愛」，禮的本質為「義」。顯而易見，「禮樂」與「仁義」乃為體用關係，兩者為若且為若之邏輯關係——「仁義」為「禮樂」之體、之本，「禮樂」為「仁義」之用、之華，「仁義」為「德」之中最為重要的條目，「性」又為「德之端」；要「全性」以達「全神」的過程，必由「禮樂」始，直指「仁義」之本質，進而「得」之為「德」，此乃「人之所以為人」，「人道」之所以為「人道」。並將「人道」作為實踐「誠」的工夫視之，雖然對於工夫的部份陳暘所言甚少，但可說是囊括三種不同層面的「誠」而云：「蓋立人而不忘我之謂仁，立我而不忘人之謂義。」（《樂書‧卷六十九》）

仁義為德之本，亦為禮樂之本，禮樂為仁義之用，陳暘將禮樂與仁義推向「樂自天作、禮以地制」的形上命題；此兩兩一對的概念自是比陰陽而來，故二者皆不可偏勝，需相輔相成，故禮樂教之仁義當是作為政治教化之根本。

政治教化係直接關係宗法社會的倫理觀念，即儒家傳統所謂「五常」。陳暘講「樂」為「仁」的發顯，其本質為「愛」，故倡「同」；「禮」為「義」的發顯，其本質為「敬」，故主「異」。而以「仁」又作為五常之首，提升且強調「樂」的重要性，「仁」的定義陳暘未有講得詳細，言：「仁以善為主，善以仁為用，均是仁也。」故以其有所訓義之處加以考察，所見不過三者。一就「仁」作為「德」而言，二以「仁」的本質為「愛」，以愛的形式發顯出來，第三則視「愛」為實踐「仁」工夫。仁義即喚起人性與生俱來的「善性」，需啟發自覺自願，因而「由仁義」與「行仁義」乃是人之所以為人的「仁」，即「人道」。教化必由基本著手，因而對於封建宗法社會的基本單位「家」而言，「仁」的發顯即為「孝」之行為，其本在「愛」，人之愛由孝親之情始；若不愛親，則何以愛人？仁義需推己及人、立己立人，以「仁義」作為「人道」之行，並以「愛敬」作為天性之所俱並發揮之，因而教民以「孝悌」為首要。

　　由「孝悌」而「愛敬」，由「愛敬」而「仁義」、由「仁義」而「禮樂」。而「孝」更進一步言之，則是「敬天祭祖」，「天」與「祖」為我們生命的來源，所以必須報本復始，不忘其給予生命之恩，另外一個層面在於「教孝」，能使在其儀式中得到「孝」的培養，「孝」所以重要在於其聯繫了人倫與政治如此廣泛之關係。「祭」當以「禮樂」為重。「禮以地制」，禮即遵循自然的法則行事，如人倫綱常、世事百態皆循其道而行，進而成為規範倫理的基礎，涵義是複雜的，然效用是廣泛的。「禮」為「義」的發顯，其本質為「敬」，故主「異」；「義」不僅是一個道德觀的概念，更是社會所共許的生活準則。「義」的具體表現亦初現於家庭之中，以「敬」為其本質，主倡因「異」而「敬」。

　　「樂」本身自然具備藝術「美」的價值，但特別強調在道德倫理方面的修養與政治社會方面的教化作用，即「樂」不僅具備「美」的和諧性，同時被賦予「和」的道德性。由於兼具「美」與「德」的特性，且「入人也深」，才使樂具有教化的功用。「樂」「入人也深」，故言禮樂仁義乃教化之本，內則回歸於「誠」，外則以「誠」為本，行仁義以立己立人，以「人道」合於「天道」，亦是教化的最佳良方，禮樂為政之本，以禮樂教之仁義，使人民情感在自然流露與滿足的同時，受到「禮」的規範和制約，使個體情感和社會情感可以和諧，使「自然的人」成為「社會的人」，消除二者之間的隔閡與衝突，以「美」調節「善」，使社會一心，如此天下皆寧、仁覆天下的境界即能達成。

　　第二部分為音樂之美學向度，首要指出「中和為美」的核心命題，「中和」不僅僅是美學課題，在「藝德一致」、「美善同一」的儒家傳統價值觀下，亦是倫理學的命題，更是會通其價值哲學、乃至形上學之基礎，最終達至「天人合一」的境界，「中和」一概念亦為貫串陳暘《樂書》整體音樂哲學之核心。

　　「藝術」的價值在於「美」，「美」雖帶給人類感官的愉悅與享受，但在此短暫的愉悅與享受之後，必然遺留下足以撼動靈魂與進入生命的，抑或說是更高層級的歡愉、喜悅及美感，更有「充實之謂美」的內心精神層次的滿足感，而不僅是藉由藝術將自我的思想與性格的張揚表現，藝術更指向著對「人」的終極關懷。美學研究從「美」的表現、對於「美」的把握，以至止於理論核心的思想，因為藝術的目的在於「生命本身」，因此「藝術」本身必具有形式，並且更具備超越形式表達之能力，真正關注的乃是「精神」。「音樂」反映和蘊涵自我、社會、政治、教育、道德及倫理等思想，反映生活與態度，傳遞情感、意志、訊息，進一步走上形上的「美」的向度，乃至於基礎的形上理論；是人與自我、人與他者、人與自然之間三個向度溝通交流與抒發情感之媒介管道；不僅限於個人感受的「美」，更能推己及人達到群體橫向向度的「美」。「美」作為一種超越屬性與價值；意即「美」，不能僅有形式或僅有本質，不能僅存於形上或形下，必須能貫串形上與形下。「美」亦是一主觀與客觀之間的問題探討，但「美」除了主客問題外，尚有社會性、作為個人修身養性的方法、人我與天人之間溝通交流的媒介，更甚至為政治服務的其他功能與目的之作用。以及上天下地、貫穿形上與形下、垂直向度的「美」，更存在具有古往今來、歷史意義的「美」；人能藉由藝術或音樂與對話，而更能藉由藝術活動的進行返回到自身，並且審視自身。因此儒家的美學觀念不單單僅只是純粹的審美，和倫理學的關聯更是密不可分的。

　　「藝」僅僅是技術上的問題，「志」是形成「樂」的精神，而「人」是呈現此精神人格的主體。對樂的學習是要由「技術」而「精神」，進而要把捉到精神中的精華之處，這正可以看出一個藝術活動的過程。音樂是極講究形式的藝術，而形式之所以為形式，即其擁有條理秩序，對於「文與質」問題，陳暘在「文質彬彬」（《論語・顏淵》）和「質勝文則野，文勝質則史，文質彬彬，然後君子。」（《論語・雍也》）的議題上談，但據「仁者，禮樂之質；禮樂者，仁之文。」（《樂書・卷八十五》）而不以「文質」言，以「禮樂」言。並非一般看似將「文」與「美」作為「質」與「善」的附屬品，「文」與「美」

的獨立性被取消之論，然陳暘的見解卻是「文質」、「禮樂」、「美善」不可切割，抑或是說，「文質」、「禮樂」、「美善」此兩兩一組觀念之間是一若且為若的邏輯關係。陳暘不同意「美善」分而言之，《武》雖美，然有征伐之意涵於其內，但武王以天下之心為心，不以一己私欲為目的，如此應亦能稱之為「善」，因「美者，善之至而於者。」美善是一體的，既然《韶》為盡善盡美，則《武》亦應是盡善且盡美；孔子認為《武》之美中不足乃是在其中存有殺伐爭戮之意，而陳暘則以為，若真盡美未盡善，乃是因當時的亂世蕩政，而非武王之故，亦非《武》本身。此可看出陳暘在此一論題上和孔子的不同處：陳暘的美善是同一的，並以民為重而非以君。儒家對「中和為美」的強調由來已久，在孔子提出於〈中庸〉中發揮至極致，而後又於北宋開始談論之。

　　「中和」從外而言，在人倫關係中發掘與擴展人性的自覺，從內而言，培養人格、人性與人道，指向心的本體；外在的道德倫理規範和個體內在愉悅和充實得到了美善的統一。「不偏」即非「過與不及」，無「過與不及」即「中和」，「中和」即「和諧」，和諧是宇宙事物合理、趨於美善的表現，事物部分與整體、人與人的聯繫，相互制約且保持平衡穩定，顯現出和諧之態。文質一體、禮樂一體、美善同一，是以道德對藝術的基本規範與要求，當然此為理性的道德價值判斷，亦添加了道德情感，而非純粹的感性審美判斷。強調「無傷」的快樂，即「致中和」，這是人所追求、所想望的美善。天人關係、人我關係、自我關係三者，最終講求的是一個「中和」，人之為人，所要求的即是「致中和」，由自我的身心和諧、人我的倫理關係的和諧、至天人關係的和諧，乃是一個人生修養的過程，此過程以「禮樂」與「仁義」修養之，得之即有德，有德即可全性全神，可「與天地參」，避免天人、人我與自我關係的分化。因此陳暘將「踐仁」視為最高的美善，原屬審美層次的美就此超越或提升至道德層次的善的境界。在儒家思想中，道德境界和審美境界是渾然一體的，惟有如此，境界才算真正「止於至善」而擁有意義。

　　另一個重要概念則是「比德」：將自然界對審美對象的欣賞，找出一些特徵，作為用以比擬或比喻人的品德或精神高尚的一種象徵。早於《詩經》中便有大量的記載，其中既有源於感官審美對象的形式之美，也有源於道德比喻的意象之美；而自孔子以降，歷代儒者對此皆有所傳承與表述，由此形成一個中國美學的重要概念。歷有以玉、山、水、土比君子美德，「比德」，實乃藉物寓意，藉自然物象興起聯想與人相類的「德」之義，以主體主觀情感

對客體部分特性的投射說明「德」與「美」，而非讚賞自然美的表象。而是從對審美對象中的領悟提升為一個普遍性的道德原則，即美之與否乃在其人格精神。但物與人的聯繫是廣泛的，絕不僅限於儒家的道德與審美觀，在儒家比德的審美方式中，將「德」與「善」等同於美，因此「美」之所在僅能在於道德上的了。「美」的根據並不在於物，而是在於人，卻又非人的外貌，而是精神人格，而又落在儒家所倡之倫理人格。陳暘以五聲之意比五行之象、以金玉之意比陰陽之象，以玉比德，以層層類比至形上，以陰陽與五行加強「比德」之論述性。

人與天地自然萬物皆依循著某種規律與形式運作——即「道」，萬物亦有規律及形式，正是與天地自然普遍規律和形式的呼應，因而明顯指出自然之物與人皆是天地萬物之中的一種存在，當吾人順從自然規律、和天地自然一般地運轉著，便使自身的小宇宙和自然大宇宙的同步呼應，由此動態的過程發現天人同構同質的特性。即《周易・繫辭上》之謂：「日新之謂盛德，生生之謂易。」《周易・乾卦》言：「天行健，君子以自強不息；地勢坤，君子厚德以載物。」雖然「明於天人之分」，但最高境界是「天人合一」。即天與人、天性與人性、天道與人道是相類相通、具有「氣」的同質性與同構性，如此才有可以達到本質上的統一與協調，因此天人合一才可能具有較有力的論點。由「人」而「天」，由「人道」而「天道」，如〈中庸〉所言：「唯天下之至誠，為能盡其性；能盡其性，則能盡人之性；能盡人之性，則能盡物之性；盡物之性，則可以贊天地之化育；可以贊天地之化育，則可以與天地參矣。」及「夫大人者，與天地合其德，與日月合其明，與四時合其序，與鬼神合其吉凶。」（《周易・文言》）達至此高超境界。而「樂」的本質即為「和」，儒家「為道德而藝術」與「為人生而藝術」的音樂，要求的是「美」與「善」的統一，是追求自身的人格、人性、人道完美完善完成的，「美」與「德」即「止於至善」；並且在最高境界的部分，能得到與自然的統一和諧，即「天人合一」。

「中和」概念貫串《樂書》

總言，陳暘《樂書》可以「中和」概念一以貫之：

第一、於音樂之形上學向度中，可以「天地」、「陰陽」、「道器」、「禮樂」
等兩兩一組之相對概念呈顯「樂由天作、禮以地制」與「以道寓

器，以器明道」兩命題，此為天地陰陽之「中和」，若明此理則可
贊天地之化育、可與天地參。

第二、於音樂之藝術哲學向度中，則知音樂之理論乃來自於形上之基
礎，緊扣形下音樂之形式與規律，而有「樂之和」與「樂為和」
之感，順人情、明文化，維護傳統雅樂「中和雅正」之精神，
此乃第二個中和。

第三、於音樂之價值哲學向度中，音樂之倫理學向度與音樂之美學向
度，核心則為中和，此中和兼涵「善」與「美」二者，缺一不
可；否則便不能保持自我身心和諧、無法和人心、更無法與天
地參，亦非美之所在。因而「美」、「德」兼修方可「止於至善」
而至「天人合一」之境界。

陳暘《樂書》作為儒家音樂哲學的承襲、融合與開展之著作，整部共二
百卷廣博浩大，評其為集大成者亦不為過，且有完整的哲學理論作為其基礎；
至此，關於前人研究對其之批判，作者僅能視之為「斷章取義」，或毫無哲學
基本概念之見解。然其中仍有幾處侷限頗值得吾人進行檢討：

第一、若陳暘之形上學無法成立，或缺乏「陰陽」──即「禮樂」、「仁
義」兩大主幹，則整個所謂的音樂哲學之架構即不成立。然於整
部《樂書》之中，可以得見陳暘有一套哲學立論足以支撐其論調，
並且自圓其說。然若音樂無精神存焉，或無形上之基礎，則至真、
至善、至美何存乎？吾人喜好或是追求的音樂究竟為何？音樂與
藝術是否只是無意義的終極意義？

第二、「辨四清」、「明二變」的形式要求是為形上學基礎理論而犧牲了音
樂理論，導致其發展的侷限與理論上的封閉，如前人研究中所言，
認為是阻礙中國音樂史上音樂的進步的原因，作者傾向不如說是
抹煞了音樂多元的可能性。但吾人真的需要極其複雜或高超的音
樂以曲高和寡嗎？另，若多元化一旦走上了極端，是否就成了有
如當今社會諸多價值觀、以無標準為標準？

第三、「華夷」與「雅俗」的階級文化觀──文化優位的思考：其界線與
標準本身即不甚清楚，更有「身分認同」的一個大難題。然陳暘
訓義經典建立起一套頗為完全的哲學基礎理論及表明其立場，與
其廣蒐彙整胡俗之樂的資訊，亦並不相悖。更重要的是，起碼在

《樂書》當中其提倡保存或維護正統雅樂的精神堅定非常；諷刺的是，完整的《樂書》二百卷宋刊本現僅見於日本及美國。中國文革之後的文化重建現況、沖繩御座樂之失傳百年意欲重現復興等，作者見諸多不可逆之歷史下的文化復原運動，才深刻感悟保存與維護文化是人類最珍貴之資產。

第四、音樂之倫理學向度中，陳暘將「仁義」與「禮樂」視為體用之關係，然若是否一旦無禮樂則倫理即失？音樂為己可順情導氣，與人則可增進感情，有此共同興趣則更可互相討論、切磋、研究之，進而「一其心」，如校歌、軍歌、國歌、甚或是流行音樂歌曲等，尤如現代科技發達，更是傳播如風。然在「中和為美」命題之下，「中和」的概念及其確切標準似乎不那麼容易把捉，如何為「過」、如何為「不及」？另於「美善同一」的前提之中，將「美」與「善」作為不可分割、若且為若的一組概念時，「美」的純粹性與獨立性即消失了；如此，在邏輯上雖然「善則美」與「不美則不善」講得通，但「美則善」與「不善則不美」便成了一個大難題，另，毫無受禮樂教化的人即無法行仁義嗎？

附　錄

附錄一、陳暘生平年表 [註1]

1068 年　　宋神宗熙寧元年戊申四月十六丑時，陳暘出生於閩清縣奉政鄉宣
　　　　　　政里溙上，一歲，生母謝氏。

1082 年　　宋神宗元豐五年壬戌，年十五歲，三兄安道登黃裳榜進士。

1089 年　　宋哲宗元祐四年己巳，年二十二歲，祥道進所著《儀禮注解》三
　　　　　　十卷、《禮書》一百五十卷，除秘書省正字兼館閣校勘。

1093 年　　宋哲宗元祐八年，年二十六歲，祥道去世。

1094 年　　宋哲宗紹聖元年甲戌九月丙午，年二十七歲，策賢良方正能直言
　　　　　　極諫科進士，授陳暘順昌軍節度使推官。

1096 年　　宋哲宗紹聖三年丙子，年二十九歲，遷樞密院邊修，後擢置上庠。

1100 年　　宋哲宗元符三年庚辰，正月哲宗崩，徽宗即位，陳暘升至文館，
　　　　　　進《迓衡集》勸導紹述，除太學博士，遷宣德郎、秘書省正字。
　　　　　　著成《樂書》二百卷，請禮部侍郎兼侍讀、實錄修撰趙挺之看詳，
　　　　　　年三十三歲。

1101 年　　宋徽宗建中靖國元年辛巳，進《樂書》，上遷太常丞，為講議司參
　　　　　　詳禮樂官，遷鴻臚太常寺少卿，年三十四歲。

1102 年　　宋徽宗崇寧元年壬午九月己丑，任駕部員外郎，十一月，置顯謨
　　　　　　閣學士、講議司參詳禮樂官，年三十五歲。

〔註 1〕本年表參照陳諸安、鄭長鈴、黃培熙三位學者之研究成果，將陳暘的生平做一
　　　　簡易年表。

1103 年	宋徽宗崇寧二年癸未，遷宣德郎、禮部員外郎，九月進《樂書》，進鴻臚太常寺少卿，年三十六歲。
1104 年	宋徽宗崇寧三年甲申，奉議郎、禮部員外郎，是年三十七歲。
1111 年	宋徽宗政和元年辛卯，進禮部侍郎，年四十四歲。
1113 年	宋徽宗政和三年癸巳，言事放歸，免職返鄉，年四十六歲。
1114 年	宋徽宗政和四年仲春，遊於福州題寫崖刻「廓然臺」，年四十七歲。
1115 年	宋徽宗政和五年乙未，子積中登何栗榜進士，年四十八歲。
1116 年	宋徽宗政和六年，以顯謨閣待制提舉醴泉觀，年四十九歲。
1128 年	南宋高宗建炎二年戊申三月初一卒，高宗御旨葬於閩清十五都普賢寺後，追贈朝議大夫。是年，其姪剛中登李易榜進士。

附錄二、陳暘與陳祥道畫像與雕像

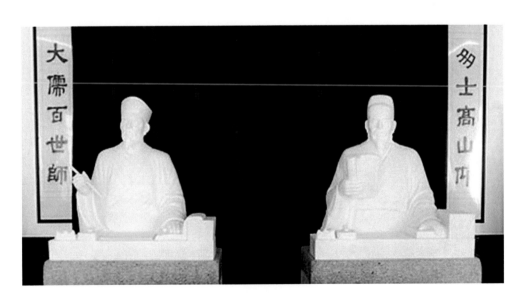

附錄三、陳暘故里（今福建省閩清縣白樟鎮雲龍鄉際上村）

附錄四、陳氏祠堂、陳祥道陳暘紀念館與十八學士先兆

附錄五、龍首崗、廓然臺、賢良陂

附錄六、石橋與起傅巖

附錄七、陳晹遺冢

附錄八、陳暘紀念碑文與陳祥道墓道

附錄九、普賢寺現狀

附錄十、陳暘真跡（現存於臺灣故宮博物院）

附錄十一、陳暘《樂書》〈序〉（宋刊本）

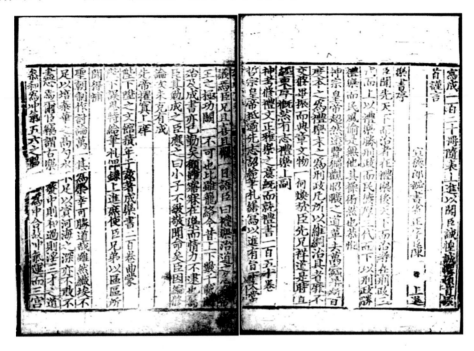

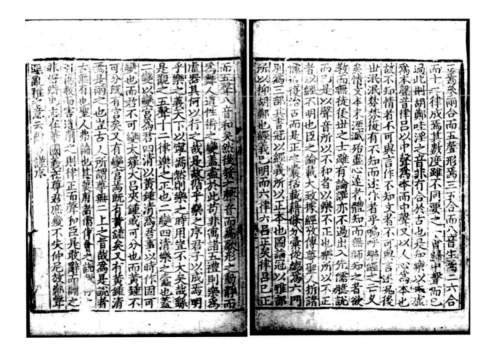

附錄十二、陳暘〈進樂書表〉（宋刊）與賢良亭

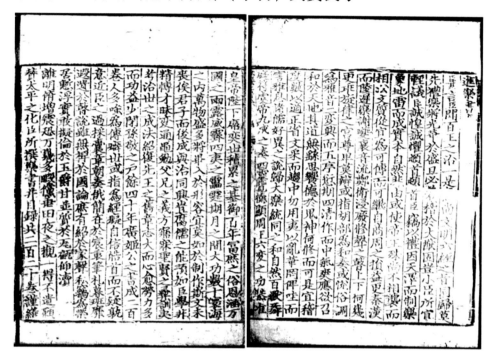

參考文獻

一、典籍及注譯類

1. 宋・陳暘：《樂書》，日本東京國會圖書館藏宋刊本。

2. 宋・陳暘：《樂書》，臺灣國家圖書館元至正福州路儒學元刻明嘉靖間南監補修本。

3. 宋・陳暘：《樂書》，清乾隆景印文淵閣四庫全書本。

4. 左丘明，韋昭注：《國語》，臺北：漢京文化事業有限公司，1983。

5. 管仲，李山譯注：《管子》，臺北：中華書局，2009。

6. 屈原，黃壽祺、梅桐生譯注：《楚辭》，臺北：臺灣古籍出版社，1996。

7. 秦・呂不韋，高誘注：《呂氏春秋》，臺北：世界書局，1955。

8. 漢・司馬遷，南朝宋・裴駰集解，唐・張守節正義：《新校本史記三家注并附編二種》，臺北：鼎文書局，2004。

9. 漢・班固等，漢・鄭玄駁，魏・鄭小同編，清・王復輯，清・武億校：《白虎通義》，北京：中華書局，1985。

10. 漢・許慎，清・段玉裁注：《說文解字》，臺北：洪葉文化事業有限公司，1999。

11. 漢・董仲舒：《春秋繁露》，出版不詳，上海涵芬樓景印武英殿聚珍本原書版。

12. 漢・鄭玄注，唐・孔穎達疏，李學勤主編，《禮記正義》，臺北：臺灣古籍出版社，2001。

13. 晉・杜預集解，唐・孔穎達正義：《春秋左傳注疏》，嘉慶二十年阮元十三經注疏本，臺北：藝文印書館，1981。

14. 晉・何晏等注：《論語注疏》，臺北：新文豐出版社，2001。

15. 晉‧郭象注，清‧郭慶藩集釋：《莊子集釋》，臺北：世界書局，2009。

16. 唐‧李隆基注，宋‧邢昺疏：《孝經注疏》，上海：上海古籍出版社，2009。

17. 唐‧杜佑：《通典》，臺北：臺灣商務印書館，1994。

18. 唐‧魏徵：《隋書》，臺北：中華書局，1998。

19. 宋‧王安石：《王臨川全集》，臺北：中華書局，1971。

20. 宋‧司馬光，胡三省注、章鈺校記：《新校資治通鑑注》，臺北：世界書局，2009。

21. 宋‧朱熹：《四書集注》，臺北：世界書局，2007。

22. 宋‧李攸：《宋朝事實》，北京：中華書局，1957。

23. 宋‧李燾：《續資治通鑑長編新定本》，臺北：世界書局，2010。

24. 宋‧范曄撰，唐‧李賢等注：《後漢書》，北京：中華書局，1997。

25. 宋‧胡安國：《胡氏春秋傳》，景印文淵閣四庫全書本，臺北：臺灣商務印書館，1983。

26. 宋‧黃庭堅：《黃山谷詩集注》，臺北：世界出版社，1960。

27. 宋‧陳振孫：《直齋書錄解題》，上海：上海古籍出版社，2015。

28. 宋‧梁克家修纂，福建省地方志編纂委員會：《三山志》，福建：海風出版社，2000。

29. 宋‧楊萬里：《誠齋集》，臺北：中華書局，1965。

30. 宋‧歐陽修：《五代史記》，臺北：臺灣商務出版社，2010。

31. 元‧脫脫：《宋史》，北京：中華書局，1985。

32. 元‧馬端臨：《文獻通考》，浙江：浙江古籍出版社，2000。

33. 明‧何喬遠編撰：《閩書》，福建：福建人民出版社，1994。

34. 明‧黃仲昭修纂，福建省地方志編纂委員會主編：《八閩通志》，福建：福建人民出版社，1990。

35. 明‧葉溥、張孟敬纂修，福建省地方志編纂委員會整理：《福州府志》，福建：海風出版社，2001。

36. 明‧憨山大師：《老子道德經莊子內篇憨山註》，臺北：新文豐出版公司，2004。

37. 清‧王國維：《人間詞話》，北京：中國人民大學出版社，2004。

38. 清‧王國維：《宋元戲曲考》，臺北：里仁書局，1993。

39. 清‧王先謙：《荀子集解》，臺北：中華書局，2012。

40. 清‧永瑢：《四庫全書總目》，北京：中華書局，1995。

41. 清‧吳楚材、吳調侯：《古文觀止新編》，臺北：五南出版社，2014。

42. 清‧徐松：《宋會要輯稿》，北京：中華書局，1957。

43. 清‧焦循、焦琥：《孟子正義》，臺北：世界書局，2009。

44. 清‧黃宗羲、全祖望：《宋元學案》，臺北：中華書局，1986。

45. 清‧陸心源輯撰：《宋史翼》，北京：中華書局，1991。

46. 清‧劉寶楠：《論語正義》，臺北：世界出版社，2009。

47. 王文楚等點校：《太平寰宇記》，北京：中華書局，2007。

48. 楊家駱主編：《明刻淮南鴻烈解》，臺北：鼎文書局，1979。

49. 楊家駱主編：《尚書注疏及補正》，臺北：世界書局，1985。

50. 李學勤主編：《十三經注疏》，北京：北京大學出版社，1999。

二、專書

1. Benedict R. Anderson，吳叡人譯：《想像的共同體：民族主義的起源與散布》（*Imagined Communities: Reflections on the Origin and Spread of Nationalism*），臺北：時報悅讀，1999。

2. 山口修，紀太平譯：《出自積淤的水中──以貝勞音樂文化為實例的音樂學新論》，北京：中國社會科學出版社，1999。

3. 方銘建：《藝術、音樂情感與意義》，臺北：全音出版社，1997。

4. 王軍：《朱載堉樂律思想研究》，上海：人民音樂出版社，2013。

5. 王光祈：《中國音樂史》，臺北：中華書局，1987。

6. 王光祈：《東西樂制之研究》，臺北：中華書局，1977。

7. 王次炤：《音樂美學新論》，臺北：萬象圖書股份有限公司，1999。

8. 王濟昌：《美學論文集》，臺北：世一書局股份有限公司，1994。

9. 王耀華：《福建傳統音樂》，福建：福建人民出版社，2000。

10. 王禕：《〈禮記‧樂記〉研究論稿》，上海：人民出版社，2011。

11. 尤煌傑：《美學基本原理：士林哲學的美學理論建構》，臺北：哲學與文化月刊雜誌社，2011。

12. 田邊尚雄著，陳清泉譯：《中國音樂史》，臺北：臺灣商務印書館，1998。

13. 朱志良：《大音希聲──妙悟的審美考察》，南昌：百花洲文藝出版社，2005。

14. 朱志榮：《中國審美理論》，北京：北京大學出版社，2005。

15. 牟宗三：《才性與玄理》，臺北：臺灣學生書局，1993。

16. 成復旺：《中國古代的人學與美學》，北京：中國人民大學，1992。

17. 余英時：《士與中國文化》，上海：上海人民出版社，2003。

18. 余英時：《中國知識階層史論──古代篇》，臺北：聯經出版，2006。

19. 李旭然:《北宋四子的「誠」論》,(中國學術思想研究輯刊二三編)新北:花木蘭文化出版社,2016。

20. 李孝弟主編:《儒家美學思想研究》,北京:中華書局,2003。

21. 李美燕:《中國古代樂教思想》(先秦兩漢篇),高雄:麗文文化事業公司,1998。

22. 李美燕:《琴道之思想基礎與美學價值》,高雄:麗文文化出版社,1999。

23. 李震:《中外形上學比較研究》,臺北:中央文物供應社,1982。

24. 李澤厚:《中國古代思想史論》,北京:人民出版社,1986。

25. 岑溢成:《大學義理疏解》,臺北:鵝湖月刊,1983。

26. 呂驥:《《樂記》理論探新》,北京:新華出版社,1993。

27. 易存國:《中國審美文化》,上海:上海人民出版社,2001。

28. 易存國:《樂神舞韻:華夏藝術美學精神研究》,哈爾濱:黑龍江人民出版社,2002。

29. 金文達:《中國古代音樂史》,北京:人民音樂出版社,1995。

30. 祈文源:《中國音樂史》,甘肅:甘肅人民出版社,1989。

31. 宗白華:《美學散步》,臺北:洪範書店,2001。

32. 吳怡:《中庸誠的哲學》,臺北:東大圖書,1976。

33. 吳康:《孔孟荀哲學》,臺北:商務出版社,1972。

34. 周來祥、周紀文:《中華審美文化通史──秦漢卷》,合肥:安徽教育出版社,2007。

35. 馬育良:《中國性情論史》,北京:人民文學,2010。

36. 韋政通:《孔子》,臺北:東大圖書出版社,1996。

37. 韋政通編著:《中國哲學辭典》,臺北:大林出版社,1983。

38. 修海林:《中國古代音樂教育》,上海:上海教育出版社,1997。

39. 修海林:《古樂浮沈》,山東:山東文藝出版社,1997。

40. 修海林、李吉提:《中國音樂的歷史與審美》,北京:中國人民大學出版社,1999。

41. 修海林、李吉提著:《中國音樂欣賞》,臺北:五南圖書出版有限公司,2002。

42. 修海林、羅小平:《音樂美學通論》,上海:上海音樂出版社,1999。

43. 軒小楊:《先秦兩漢音樂美學思想研究》,北京:中國社會科學,2011。

44. 孫克強:《雅俗之辨》,北京:華文出版社／東華書店,1997。

45. 孫清吉:《樂學原理》,臺北:全音樂普出版社,2001。

46. 徐復觀：《中國思想史論集》，臺中：東海大學，1959。

47. 高柏園：《中庸形上思想》，臺北：東大圖書，1988。

48. 高桑駒吉，李繼煌譯：《中國文化史》，臺北：臺灣商務印書館，1970。

49. 秦漢、任繼愈主編：《中國哲學發展史》，北京：人民出版社，1985。

50. 張玉柱：《中國音樂哲學》，臺北：樂韻出版社，1985。

51. 張光直：《美術、神話與祭祀》，瀋陽：遼寧教育出版社，2002。

52. 張肖虎：《五聲性調式及和聲手法》，北京：人民音樂，1995。

53. 張明祚：《「樂記」美學思想之研究》，臺北：臺灣大學出版社，1986。

54. 張偉萱：《阮籍音樂哲學之研究——道體儒用的音樂哲學》，《中國學術思想研究輯刊》18 編第 10 冊，新北：花木蘭文化出版社，2014。

55. 張蕙慧：《儒家禮樂之道德思想》，臺北：文史哲出版社，1985。

56. 郭乃惇：《中國音樂史》，臺北：樂韻出版社，1999。

57. 郭長揚：《音樂美的尋求——應用音樂美學》，臺北：樂韻出版社，1991。

58. 許之衡：《聲律學》，新北：學海出版社，1999。

59. 陳元鋒：《樂官文化與文學》，山東：山東教育出版社，1999。

60. 陳美娥：《中原古樂史初探》，臺北：樂學出版社，2006。

61. 陳裕剛：《中國古樂律的運算與解析》，臺北：聲韻出版社，1982。

62. 陳鼓應：《道家易學建構》，臺北：臺灣商務出版社，2003。

63. 陳福濱：《倫理與中國文化》，新北：輔仁大學出版社，1998。

64. 陳萬鼐：《中國古代音樂研究》，臺北：文史哲出版社，1990。

65. 梁家榮：《仁禮之辨：孔子之道的再釋與重估》，北京：北京大學出版社，2010。

66. 曹利華：《中華傳統美學體系探源》，北京：北京圖書館，1999。

67. 曹順慶、李天道：《雅論與雅俗之辨》，南昌：百花洲文藝出版社／新華書店，2005。

68. 黃友棣：《中國音樂思想批判》，臺北：樂友書房，1965。

69. 黃淑基：《中西音樂美學的對話》，臺北：洪葉出版社，2002。

70. 黃體培：《中華樂學通論——第一編樂史》，臺北：中華國樂會、梅齡出版社，1971。

71. 傅偉勳：《從創造的詮釋到大乘佛學》，臺北：東大圖書出版社，1990。

72. 勞思光：《中國哲學史》（第一卷），香港：中文大學崇基學院，1980。

73. 湯恩比（Arnold Toynbee），林綠譯：《歷史的研究》（*A Study of History: The first abridged one-volumed edition, illustrated*），臺北：源成出版社，1978。

74. 曾遂今:《音樂社會學概論》,北京:文化藝術出版社,1997。

75. 童斐:《中樂尋源》,臺北:學藝出版社,1976。

76. 程樹德:《論語集釋》,北京:中華書局,1990。

77. 楊旻瑋:《唐代音樂文化之研究》,臺北:文史哲出版社,1993。

78. 楊春梅主編:《儒家文化思想研究》,北京:中華書局,2003。

79. 楊家駱主編:《中國音樂史料(六)》臺北:鼎文書局,1982。

80. 楊蔭瀏:《中國古代音樂史稿》,北京:人民音樂出版社,1981。

81. 葉朗、費振剛、王天有主編:《中國文化導讀》,香港:香港城市大學出版社,2002。

82. 廖輔叔:《中國古代音樂簡史》,北京:人民音樂出版社,1985。

83. 蒙培元:《中國心性論》,臺北:臺灣學生商務出版社,1990。

84. 趙利民主編:《儒家文藝思想研究》,北京:中華書局,2003。

85. 蔡仁厚:《孔孟荀哲學》,臺北:臺灣學生商務出版社,1984。

86. 蔡仲德:《中國音樂美學史》,北京:人民音樂出版社,1995。

87. 劉方喜:《聲情說:詩學思想之中國表述》,北京:知識產權出版社,2008。

88. 劉再生:《中國古代音樂史簡述》,北京:人民音樂出版社,1989。

89. 劉春曙、王耀華編著:《福建民間音樂簡論》,上海:上海文藝出版社,1986。

90. 劉道廣:《中國古代藝術思想史》,上海:上海人民出版社,1998。

91. 劉藍:《諸子論音樂──中國音樂美學名著導讀》,昆明:雲南大學出版社,2006。

92. 鄭長鈴:《陳暘及其《樂書》研究》,北京:文化藝術出版社,2005。

93. 鄭祖襄:《中國古代音樂史學概論》,北京:人民音樂出版社,2000。

94. 鄭建鐘:《北宋仁學思想研究》,《中國學術思想研究輯刊》23編,新北:花木蘭文化出版社,2016。

95. 戴微:《中國音樂文化簡史》,香港:中和出版,2011。

96. 蕭敏如:《從「華夷」到「中西」:清代《春秋》學華夷觀研究》,新北:花木蘭出版社,2009。

97. 韓強:《儒家心性論》,北京:經濟科學,1998。

98. 韓鐘恩:《音樂文化人類學》,濟南:山東友誼出版社,1994。

99. 韓鍾恩:《音樂美學與審美》,臺北:洪葉文化事業有限公司,2002。

100. 魏子雲:《五音六律變說》,臺北:貫雅文化,1993。

101. 聶崇歧:《宋史叢考》,北京:中華書局,1980。

102. 羅光：《理論哲學》，新北：先知出版社，1976。

103. 羅光：《儒家形上學》，新北：輔仁大學出版社，1980。

104. 中國藝術研究院音樂研究所：《中國音樂辭典》，北京：人民音樂出版社，1985。

105. 中國藝術研究院音樂研究所：《中國音樂書譜志》（增訂本），北京：人民音樂出版社，1994。

106. 香港中文大學中國音樂資料館、香港民族音樂研究會編：《中國音樂國際研討會論文集》，1998。

三、期刊論文

1. 王誠：〈淺談對我國古代音樂文化雅俗之爭的幾點思考〉，河南：《魅力中國》，2013 年第 16 期。

2. 王秀臣：〈周代雅樂的時空意義考察〉，山東：《齊魯學刊》，2006 年第 6 期。

3. 王秀臣：〈夏、商文化與「雅樂」制度的濫觴〉，吉林：《東北師大學報》哲學社會科學版，2007 年第 2 期。

4. 王福銀：〈齊韶與祭孔樂舞〉，山東：《管子學刊》，2007 年第 2 期。

5. 王德毅：〈宋代賢良方正科考〉，《文史哲學報》第 14 卷，1965 年。

6. 王際娜：〈宋代宮廷雅樂研究現狀與反思〉，浙江：《藝術科技》，2014 年第 27 期。

7. 王世襄：〈宋代陳暘《樂書》——中國第一本音樂百科全書〉，中國藝術研究院音樂研究所《音樂學叢刊》，北京文化藝術出版社，1984 年。

8. 卞崇道：〈試論荀子禮樂思想的當代意義〉，浙江：《浙江樹人大學學報》，2012 年第 12 期。

9. 尤煌傑：〈中國傳統美學思想之「和諧」觀念〉，《哲學與文化月刊》第 36 卷第 1 期，2009 年 1 月。

10. 尤煌傑：〈亞里斯多德論美感經驗〉，《哲學與文化月刊》第 40 卷第 3 期，2013 年 3 月。

11. 尤煌傑：〈傳統儒家美學思想之美感經驗描述〉，《學術研究》第 340 期，2013 年 3 月。

12. 尤煌傑：〈儒家美學思想對中國傳統畫論的影響：以《易傳》和《論語》為例〉，《哲學與文化月刊》第 40 卷第 11 期，2013 年 11 月。

13. 戈麗珠：〈論音樂中的雅與俗歷史上雅樂與俗樂之爭所感〉，江蘇：《淮陰工學院學報》，2002 年第 11 期。

14. 中純子、齋藤茂：〈陳〔エキ〕『樂書』の研究〉(1)(2)(3)，《中國文化研究》，第 21 至 23 號，2005 年至 2007 年。

15. 田中有紀:〈北宋雅楽における八音の思想：北宋楽器論と陳暘「楽書」、大晟楽〉,《中國哲學研究》23 號,2008 年。

16. 田耀農:〈宋代宮廷雅樂樂器與樂隊考〉,《藝術評論》,2010 年第 3 期。

17. 田耀農:〈禮樂:中國傳統音樂的常青之樹——評《中國歷代孔廟雅樂》〉,廣東:《韶關學院學報》,2003 年第 24 期。

18. 任飛:〈「商」聲、「商」調之辨〉,《天津音樂學院學報（天籟）》,2007 年第 4 期。

19. 呂驥:〈探索樂記的理論價值〉,《音樂研究》第 1 期,1988 年。

20. 呂驥:〈試論《樂記》的理論邏輯及其哲學思想基礎〉,《音樂研究》第 2 期,1991。

21. 李慧:〈雅樂——特定時代和文化的象徵〉,浙江:《溫州師範學院學報》哲學社會科學版,2005 年第 26 期。

22. 李天道:〈「雅樂」之美學意義原始〉,四川:《西南民族大學學報》人文社科版第 29 期,2008 年第 11 期。

23. 李方元:〈周代宮廷雅樂面貌及其特徵〉,昆明:《雲南藝術學院學報》,2002 年第 2 期。

24. 李石根:〈唐代音樂文化的兩大體系——大唐雅樂與燕樂〉,西安:《交響——西安音樂學苑學報》,2003 年 4 月第 22 期。

25. 李榮有:〈論漢代音樂文化的發展體系〉,北京:《中國音樂學》,2002 年第 1 期。

26. 李榮有、鈔藝娟:〈試析漢代雅樂與俗樂的關係〉,河南:《南都學壇》哲學社會科學版,2001 年第 21 期。

27. 李婷婷:〈「杜夔傳舊雅樂四曲」考〉,山東:《齊魯學刊》,2012 年第 1 期。

28. 李為渠:〈宋元時期的宮廷音樂〉,安徽:《安徽文學評論研究》,2008 年第 1 期。

29. 宋衛:〈孔子正樂主張的實施及成效〉,瀋陽:《樂府新聲》,2009 年第 1 期。

30. 宋恩偉:〈樂舞一體話六代秦漢俗樂占先聲——秦漢俗樂興起探〉,安徽:《安徽文學》,2007 年第 9 期。

31. 吳朋:〈隋唐五代雅樂稗考〉,北京:《中國音樂學》,2004 年第 1 期。

32. 宗亦耘:〈論漢代「以悲為美」的音樂欣賞觀念〉,江蘇:《徐州師範大學學報》哲學社會科學版,2008 年第 34 期。

33. 尚篤:〈治學應以實事求是為根本宗旨——讀《陳暘及其樂書研究》〉,北京:《中央音樂學院學報》,2008 年第 2 期。

34. 兒玉憲明:〈陳暘『樂書』研究(1):「八佾舞於庭」章を中心に〉,《新潟大學人文科學研究》第 112 輯,2003 年 8 月。

35. 周暢:〈論中國古代音樂美學三大論著的價值及其與音樂實踐的關係〉,上海:上海音樂學院學報《音樂與藝術》,第 1 期,1993 年。

36. 馬萌:〈《宋書·樂志》歌詩「援俗入雅」傾向及其原因〉,河南:《殷都學刊》,2007 年第 2 期。

37. 胡勁茵:〈追古制而復雅正:宋初樂制因革考論〉,廣東:《學術研究》,2011 年第 7 期。

38. 徐蕊:〈聲與鐘聲——北宋雅樂的中聲音樂觀與鐘聲實踐〉,北京:《中國音樂學》,2013 年第 4 期。

39. 唐春生:〈宋代翰林學士與禮樂文化〉,四川:《重慶師範大學學報》哲學社會科學版,2008 年第 5 期。

40. 修海林:〈樂記音樂美學思想試析〉,《音樂研究》第 2 期,1986 年。

41. 許在揚:〈《陳暘及其《樂書》研究》中的一些問題〉,湖北:《黃鐘——武漢音樂學院學報》,2008 年第 2 期。

42. 閆錚:〈以今樂之實與雅樂之名——試析朱載堉的雅樂思想〉,黑龍江:《北方音樂》,2014 年第 2 期。

43. 寇文娟:〈關于「宋代雅樂評價」問題的幾點思考〉,瀋陽:《樂府新聲》,2006 年第 4 期。

44. 張耀:〈雅樂含義及先周雅樂的表現形態〉,《中國音樂》,2006 年第 2 期。

45. 張春意:〈大晟府雅樂樂器考〉,四川:《西華師範大學學報》哲學社會科學版,2014 年第 3 期。

46. 張樹國:〈變雅:廟堂雅樂的生命張力〉,浙江:《浙江學刊》,2009 年第 5 期。

47. 陳宗花:〈「鄭衛之音」問題研究綜述〉,北京:《人民音樂》,2003 年第 11 期。

48. 梁曉鑰:〈春秋戰國時期的民間「新樂」——《鄭衛之音》本體研究〉,河北:《大眾文藝》,2011 年第 2 期。

49. 馬樹芬:〈對音樂雅俗觀的幾點思考〉,江蘇:《藝術百家》,2004 年第 3 期。

50. 項陽:〈禮樂、雅樂、鼓吹樂之辨析〉,北京:《中央音樂學院學報》,2010 年第 1 期。

51. 項陽:〈中國禮樂制度四階段論綱〉,上海:《音樂藝術》,2010 年第 1 期。

52. 黃淑基:〈從商代的宗教音樂到周代的禮教音樂〉,《成功大學宗教與文化學報》第 2 期,2002 年。

53. 黃淑基：〈論《禮記・樂記》主要思想與叔本華音樂思想之差異〉，開南管理學院通識教育中心通識研究集刊第 11 期，2007 年 6 月。

54. 黃淑基：〈中國古典美育理念在現代社會文化教育實踐之意義解析當代〉，《中國哲學學報》第 9 期，2007 年 9 月。

55. 黃黎星：〈周易豫卦與古代音樂思想〉，福建：《福建師範大學學報》哲學社會科學版，2004 年第 2 期。

56. 楊成秀：〈范鎮雅樂觀研究〉，北京：《中國音樂學》，2013 年第 4 期。

57. 潘小慧：〈禮義、禮情及禮文──荀子禮論哲學的特點〉，《哲學與文化月刊》第 35 卷第 10 期，2008 年 10 月。

58. 潘小慧：〈從「君子和而不同」談和諧的多元整全意涵──以先秦儒家典籍為主軸〉，《哲學與文化月刊》第 37 卷第 7 期，2010 年 7 月。

59. 遲乃鵬：〈魏漢津及其雅樂樂律理論〉，四川：《西華大學學報》哲學社會科學版，2008 年第 27 期。

60. 劉順：〈民間俗樂的發展對雅樂更迭的影響，吉林：《吉林藝術學院學報》，2007 年第 77 期。

61. 劉青、滿園園：〈略論唐以前雅俗音樂的融合〉，山東：《管子學刊》，2011 年第 3 期。

62. 鄭花順、徐海準：〈有關北宋徽宗代的正聲與中聲研究〉，湖北：《黃鐘──武漢音樂學院學報》，2011 年第 4 期。

63. 鄭長鈴：〈陳暘生平及其人文背景研究〉，北京：《中國音樂學》，2001 年第 1 期。

64. 鄭長鈴：〈在田野中走近陳暘──關于陳暘及其《樂書》研究的民族音樂學方法選擇與思考〉，北京：《中國音樂學》，2005 年第 4 期。

65. 鄭祖襄：〈《隋書・經籍志》音樂書述略〉，北京：《中央音樂學院學報》，2006 年第 104 期。

66. 鄭祖襄：〈《漢書・禮樂志》的著書內容與音樂史觀〉，浙江：《文化藝術研究》，2011 年第 2 期。

67. 龔鵬程：〈雅樂復興的意義〉，陝西：《長安大學學報》社會科學版，2012 年第 14 期。

四、學術研討會論文

1. 孫長祥：〈從〈樂記〉試探儒家思想中道德與藝術的關係〉，《第九屆國際佛教教育研究討論會專輯》，華梵佛學研究所編印，1995 年。

2. 黃淑基：〈《禮記・樂記》對藝術精神的反思〉，第一屆臺灣中國哲學學術研討會，南華大學，2006 年 12 月 16 日。

3. 黃淑基：〈《荀子・樂論》中美育精神之體現與樂教藝術哲學思維的建立〉，

第一次全人生命發展學術研討會，嘉義大學，2007 年 1 月 25 日。

4. 黃淑基：〈中國古典美育理念在現代社會教育實踐之意義解析〉，聲響‧
記憶與文化學術研討會，南華大學，2007 年 11 月 16 日。

5. 黃淑基：〈音聲‧音樂與象徵〉，2007 年臺灣音樂學論壇，臺北藝術大學，
2007 年 12 月 14 日。

6. 黃淑基：〈《呂氏春秋》中綜合之藝術哲學理念剖析〉，第二屆臺灣中國哲
學學術研討會：當代與世界中國哲學論壇，南華大學，2007 年 1 月 4 日
至 5 日。

7. 黃淑基：〈由中國單音音樂創作形式論當代藝術審美風格之認知型態〉，
時尚文化與創意產業研討會。南華大學，2008 年 10 月 17 日至 18 日。

五、學位論文

1. 李美燕：《先秦兩漢樂教思想研究》，國立臺灣師範大學國文研究所博士
論文，1993。

2. 胡勁茵：《從大安到大晟——北宋樂制改革考論》，廣州中山大學中國古
代史博士學位論文，2010。

3. 范娜：《陳暘《樂書‧樂圖論‧八音雅部》樂器記述研究》，天津音樂學
院音樂學系碩士學位論文，2008。

4. 葉星吟：《陳暘《樂書‧樂圖論》研究》，國立臺灣師範大學民族音樂研
究所碩士論文，2004。

5. 單蕾：《清代以前陳暘《樂書》版本調查與研究》，中國藝術研究院音樂
研究所碩士論文，2007。

6. 黃玉華：《陳暘《樂書‧樂圖論》音樂文獻價值探討》，江西財經大學碩
士論文，2009。

7. 黃淑基：《先秦藝術哲學理論脈絡之發展與解析》，文化大學哲學研究所
博士論文，2006。

8. 趙廣暉：《先秦音樂文化之演進》，中國文化大學史學研究所博士論文，
2000。

9. 鄭月平：《從歷史文化學的角度解讀北宋之雅樂》，西北大學中國古代史
碩士學位論文，2005。

10. 雷永強：《先秦儒家樂教思想新探》，北京師範大學中國哲學博士學位論
文，2010。

11. 路佳琳：《北宋景祐——嘉祐年間的雅樂研究》，杭州師範大學音樂學碩
士學位論文，2012。